Abzählreime & Hüpfspiele

Gisela Dürr · Martin Stiefenhofer

Abzählreime & Hüpfspiele

Spiele und Verse auf Straßen, Plätzen und Höfen

Inhalt

Alte und neue Abzählreime

Das Abzählen ist ein festes Ritual, das am Beginn der meisten Gruppenspiele steht. Meist ist eines der Kinder besonders aktiv oder kennt die neuesten oder interessantesten Abzählreime. Es beginnt daher, der Reihe nach auf die im Kreis stehenden Kinder im Silbenrhythmus des Verses zu deuten, um so denjenigen zu bestimmen, der als Erster ein Spiel beginnen muss. So wird entweder mit einem Reim der bestimmt, der „ist", oder ein Mitspieler nach dem anderen wird als „frei", „ab" oder „raus" abgezählt, woraufhin unter den verbliebenen erneut abgezählt wird.

Abzählreime, Kinderreime überhaupt, sind eine einfache Form der Volkspoesie, die sich jahrhundertelang mündlich überliefert hat. Respektlos und fantasievoll befassen sich diese Verse mit dem Alltagsgeschehen und ziehen auch schon einmal Autoritäten durch den Kakao.

Eins, zwei, Polizei,
drei, vier, Offizier,
fünf, sechs, alte Hex,
sieben, acht, gute Nacht,
neun, zehn, auf Wiedersehn,
elf, zwölf, böse Wölf,
dreizehn, vierzehn, kleine Maus,
ich bin drin, und du bist raus!

Eins, zwei, drei,
wir alle sind dabei,
vier, fünf, sechs,
die Birn ist ein Gewächs,
sieben, acht, neun,
du musst sein!

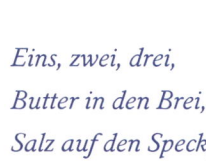

Eins, zwei, drei,
die andern sind vorbei,
rips, raps, raus,
du bist draus!

Eins, zwei, drei,
Butter in den Brei,
Salz auf den Speck,
und du bist weg!

Eins, zwei, drei,
du bist frei,
vier, fünf, sechs,
du bist weg,
sieben, acht, neun,
du musst sein!

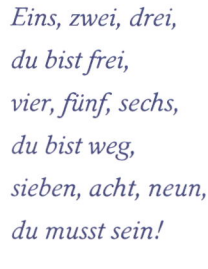

Eins, zwei, drei,
hicke, hacke Heu,
hicke, hacke, Pfefferkorn,
der Müller hat die Frau verlorn.
Er glaubt, sie sei verschwunden,
doch Hänschen hat sie g'funden.
Wie sieht's nun in der Mühle aus?
Die Spinnen gucken zum Fenster raus,
die Mäuse kehren die Stube aus,
die Ratten tragen den Kehricht raus.
Es sitzt ein Kätzchen auf dem Dach,
das sie nun alle auslacht.
Ha, ha, ha, eins, zwei, drei,
du bist frei!

Eins, zwei, drei,
alt ist nicht neu,
neu ist nicht alt,
heiß ist nicht kalt,
kalt ist nicht heiß,
schwarz ist nicht weiß,
hier ist nicht dort,
du musst jetzt fort!

Eins, zwei, drei, vier,
auf dem Klavier
da steht ein Ding, Ding,
das macht klingkling,
klingkling macht es,
und du bist es!

Eins, zwei, drei,
in der Försterei,
steht ein Teller auf dem Tisch,
kam die Katz und fraß den Fisch.
Kam der Jäger mit der Tasch,
haut die Katze übern A-.
Schreit die Katze au, miau.
Wo ist meine Frau?
Meine Frau ist weggelaufen,
muss mir eine andre kaufen.
Eins, zwei, drei,
du bist frei!

Eins, zwei, drei, vier,
saß ein Männchen vor der Tür,
hatt ein rotes Hütchen auf,
oben saß der Kuckuck drauf.

Eins, zwei, drei, vier, fünf, sechs, sieben,
Liesel muss den Schubkarr'n schieben.
Wo denn hin? Nach Berlin,
wo die schönen Mädchen blühn.
Mädchen tragen Myrtenkränze,
Buben tragen Rattenschwänze.
Mädchen kommen ins Himmelreich,
Buben in den tiefen Teich.
Mädchen, das sind Gottes Engel,
Buben, das sind Gassenbengel.

Eins, zwei, drei, vier,
auf dem Klavier
steht ein Glas Bier,
steht ein Glas Wein,
du sollst es sein!

Eins, zwei, drei, vier, fünf,
strick mir ein Paar Strümpf,
nicht zu groß und nicht zu klein,
sonst musst du der Haschmann sein!

Eins, zwei, drei, vier,
vor des Goldschmieds Tür,
da saßen zwei Täubchen
mit goldenen Häubchen,
die flogen nach Dresden
auf goldenen Besen,
die flogen nach Halle
auf goldener Schnalle,
von da in den Dreck,
da waren sie weg.

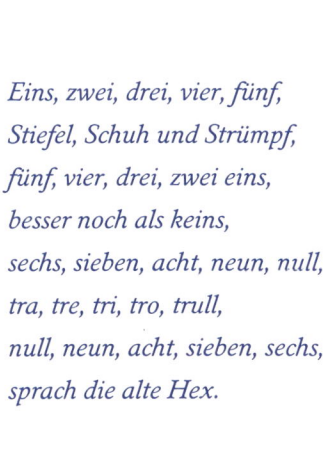

Eins, zwei, drei, vier, fünf,
Stiefel, Schuh und Strümpf,
fünf, vier, drei, zwei eins,
besser noch als keins,
sechs, sieben, acht, neun, null,
tra, tre, tri, tro, trull,
null, neun, acht, sieben, sechs,
sprach die alte Hex.

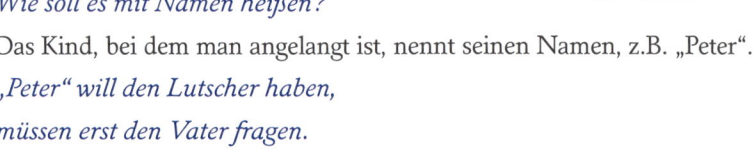

Eins, zwei, drei, vier, fünf, sechs, sieben,
auf der Straße Nummer sieben,
auf der Straße Nummer acht,
hat der Storch ein Kind gebracht.
Wie soll es mit Namen heißen?

Das Kind, bei dem man angelangt ist, nennt seinen Namen, z.B. „Peter".

„Peter" will den Lutscher haben,
müssen erst den Vater fragen.
Vater, der sagt nein.
Trink ein Gläschen Wein!
Trink ein Gläschen Rum,
und du bist dumm!

Eins, zwei, drei, vier, fünf, sechs, sieben,
auf dem großen Berg da drüben,
steht ein Schloss mit Zinnen,
wohnt ein Zaubrer drinnen.
Zaubrer fällt den Berg hinab,
bricht sich beide Beine ab.
Doch es geht auch ohne Bein,
kann ja zaubern – du musst sein!

Eins, zwei, drei, vier, fünf, sechs, sieben,
wo sind die Soldaten blieben?
In Moskau stecken sie im Schnee,
schreien laut o weh, o weh!

Eins, zwei, drei, vier, fünf, sechs, sieben,
ein Tiroler hat geschrieben:
Liebe Mutter, sei so gut,
schick mir 'nen Tirolerhut,
nicht zu groß und nicht zu klein,
denn er soll zur Hochzeit sein.
Eins, zwei, drei, du bist frei!

Eins, zwei, drei, vier, fünf, sechs, sieben,
eine alte Frau kocht Rüben,
eine alte Frau kocht Speck,
und du bist weg!

Eins, zwei, drei, vier, fünf, sechs, sieben,
wo bist du so lang geblieben?
Bei dem Schuster tick, tick, tick,
der hat mir die Schuh geflickt.

Eins, zwei, drei, vier, fünf, sechs, sieben,
komm, wir wollen Fußball spielen.
Du bist Torwart, ich bin Bäck,
eins, zwei, drei, und du musst weg!

Eins, zwei, drei, vier, fünf, sechs, sieben,
in der Schule wird geschrieben,
in der Schule wird gelacht,
bis der Lehrer pitsch, patsch macht.
Au, Herr Lehrer, das tut weh,
morgen kann ich nicht mehr gehn,
morgen bleibe ich zu Haus
und erhol mich von dem Graus.
Eins, zwei, drei, du bist frei.

Eins, zwei, drei, vier, fünf, sechs, sieben,
wer hat diesen Brief geschrieben?
Einen für mich, einen für dich,
einen für Onkel Friederich.
Einen Brief aus der Türkei,
eins, zwei, drei, und du bist frei!

Drei, sechs, neun,
hinten steht die Scheun,
vorn steht das Haus,
du bist raus!

Eins, zwei, drei, vier, fünf, sechs, sieben, acht,
Kasper hat so laut gelacht,
dass im Haus der Balken kracht.
Das Haus fällt ein,
und du musst sein!

Drei, sechs, neun,
wie hoch ist die Scheun?
Wie hoch ist das Haus?
Du musst raus!

Dreie, sechse, neune,
im Garten steht 'ne Scheune,
im Hofe steht ein Hühnerhaus,
da gucken drei hübsche Mädchen raus.
Die eine schabt Kreide,
die andre spinnt Seide,
die dritte schließt den Himmel auf,
da guckt die Mutter Maria raus.

Dreie, sechse, neune,
Mädel um die Scheune,
Mädel um den Ring,
die alte Hexe springt,
Mädel um das Haus,
ich oder du musst raus!

Dreie, sechse, neune,
im Hof da steht die Scheune,
im Garten jagt der Wind,
im Brunnen liegt das Kind,
alte Hexe, spring!

Eins, zwei, drei, vier, fünf ... dreizehn,
wie hoch steht der Weizen?
So hoch wie ein Bauernhaus.
Du bist drin, und du bist raus!

Eins, zwei, drei, vier, fünf, sechs, sieben ... zwanzig,
die Franzosen zogen nach Danzig.
Danzig fing an zu brennen,
da mussten die Franzosen rennen.
Ohne Strümpf und ohne Schuh
rannten sie der Heimat zu.
Eins, zwei, drei, du bist frei!

Sechs mal sechs ist sechsunddreißig,
ist der Mann auch noch so fleißig,
und die Frau ist liederlich,
geht die Wirtschaft hinter sich.

Wollt ein Schmied ein Pferd beschlagen,
wie viel Nägel muss er haben?
Drei, sechs, neun,
Junge, hol Wein!
Knecht, schenk ein!
Herr, trink aus!
Du bist raus!

Ich ging einmal nach Gitterlitz,
kam eine alte Frau gehetzt:
Sag ich: Gib mir eine!
Gab sie mir keine.
Sag ich: Gib mir zwee!
Bracht sie mir ein' Tee.
Sag ich: Gib mir drei!
Kocht sie mir 'nen Brei.
Sag ich: Gib mir vier!
Bracht' sie mir ein Bier.
Sag ich: Gib mir fünfe!
Strickt sie mir ein Paar Strümpfe.
Sag ich: Gib mir sechs!
Wollt sie mich machen zur Hex.
Sag ich: Gib mir sieben!
Wollt sie mich nicht mehr lieben.
Sag ich: Gib mir achte!
Wollt sie mich lassen schlachte.
Sag ich: Gib mir neune!
Führt sie mich in die Scheune.
Eins, zwei, drei, du bist frei!

Wollen zählen, wollen wählen,
einen aus dem Haufen,
der soll laufen,
eins, zwei, drei,
du bist frei!

Abraham und Isaak,
die schlugen sich mit Zwieback,
Zwieback brach entzwei,
Abraham kriegt das Ei.

Durch Feld und Wald
das Horn erschallt.
Frau Holda kommt, huhu!
Ihr Schätzchen, das bist du!

Ene, dene, ticken, tacken,
Hähne knacken,
Vögel singen,
Glocken klingen,
piff, paff, puff,
Peter schlag druff!
Mit Eisen, Pulver, Schrot,
schießen die Soldaten tot.

Enchen, denchen, Gänseschnabel,
wenn ich dich im Himmel habe,
reiß ich dir ein Beinchen aus,
mach ich mir ein Pfeifchen draus,
pfeif ich alle Morgen,
hören's alle Storchen.
Geht die Mühle klipp, klapp,
kommt der Esel, tripp, trapp,
bist der Esel und bist ab!

Adam ist in'n Garten gegangen,
wie viel Vögel hat er gefangen?
Eins, zwei, drei,
du bist frei!

Gretchen wollte Locken tragen,
musst' sie erst den Vater fragen.
Vater sagte nein.
Eine Flasche Wein,
eine Flasche Rum,
und du bist dumm!

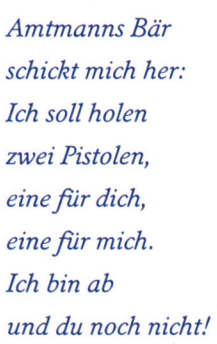

Amtmanns Bär
schickt mich her:
Ich soll holen
zwei Pistolen,
eine für dich,
eine für mich.
Ich bin ab
und du noch nicht!

Arre, barre,
Butterkarre,
ene, bene, bu,
ab bist du!

Ete, mete, men,
tipper, tapper, den,
hauer, dauer, dan,
du bist dran!

Engel, Bengel, lass mich leben,
will dir meine Schwester geben,
doch sie will dich nicht,
und du bist!

18

Bim, bam, bum,
das Zählen geht herum.
Schnecke, Schnecke, schnüre,
Männchen geh und führe
uns herein, heraus:
Du bist raus!

Ene, dene, dumme Käth,
schlachten wir, dann gibt es Speck,
backen wir, dann gibt es Brot,
sterben wir, dann sind wir tot.

Hallo, hallo, hallo,
der Küster liegt im Stroh.
Das Stroh fängt an zu brennen,
der Küster kriegt das Rennen,
hallo, hallo, hallo!

Auf dem Berge Sinai
wohnt der Schneider Kikeriki.
Seine Frau, die Margarethe,
saß auf einem Stein und nähte.
Fiel herab, fiel herab,
und das linke Bein brach ab.
Kam der Doktor angerannt,
mit der Nadel in der Hand,
näht es an, näht es an,
dass sie wieder laufen kann.

Auf dem Berge Hottentotten
lebten Menschen Hottentotten,
diese Menschen Hottentotten
hatten Kinder Hottentotten,
diese Kinder Hottentotten
hatten Puppen Hottentotten,
diese Puppen Hottentotten
kochten einen Brei,
eins, zwei, drei,
und du bist frei!

Eine kleine Spitzmaus
lief ums Rathaus,
wollte sich was kaufen,
hat sie sich verlaufen,
A, O, U,
raus bist du!

Eine kleine weiße Bohne
reiste einst nach Engelland.
Engelland war zugeschlossen
und der Schlüssel abgebrochen.
Piff, puff, paff,
du bist aff!

Ele, mele, mink, mank,
pink, pank, zink, zank,
ose, pose, ackerdreier,
eier, weier, weg!

Ale mele,
Zuckerseele,
Königskind,
Goldenring.
Du sollst lernen
Buchstabieren:
A, B ab,
du bist ab!

Ene, dene, Ditzelchen,
mein Mutter, die kocht Schnitzelchen,
da geh ich dran und leck,
da kommt sie mit dem Steck,
da geh ich zu dem Knecht,
der sagt, es wäre recht,
da geh ich zu der Magd,
die hat mich ausgelacht,
da geh ich zu der Maus,
ich oder du bist raus!

Ene, bene, subtrahene,
divi, davi, domino,
Eck, Speck, Dreck,
und du bist weg!

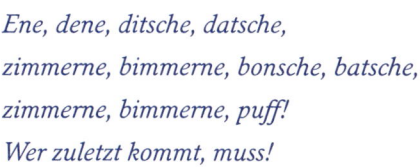

Ene, dene, ditsche, datsche,
zimmerne, bimmerne, bonsche, batsche,
zimmerne, bimmerne, puff!
Wer zuletzt kommt, muss!

Ene mene menten,
Fuchs fraß Enten,
Fuchs fraß Kuchen,
du musst suchen!

Ene, mene,
ming, mang,
kling, klang,
ose, pose, pack dich,
eia, weia, weg!

Ene, wene, winne, wonne,
wie, wo, weg!

Enige, benige, bink, bank,
gehen wir nach Engelland.
Engelland ist zugeschlossen
und der Schlüssel abgebrochen.
Zehn Pferd an einem Wagen
muss man mit der Peitsche schlagen.
Eins, zwei, drei,
nicke, necke, nei,
nicke, necke, nuss,
du bist wahrhaftig druss!

Es geht ein Männchen über die Brück,
hat ein Säckchen auf dem Rück,
schlägt es gegen den Pfosten,
Pfosten kracht, Männchen lacht:
tipp, tipp, tapp, du bist ab!

Es lief eine Maus wohl über das Haus,
den Tripp, den Trapp, und du bist ab!

Ipte, tipte, Zuckermine,
geh mit mir in'n Keller,
schenk mir Bier,
schenk mir Wein,
schenk mir Muskateller.
Muskateller trink ich gern,
kleine Glöckchen hör ich gern,
liebe Tochter, springe!

Mein Vater hat einen Garten gekauft.
In dem Garten stand ein Baum.
An dem Baum war ein Ast.
Auf dem Ast war ein Nest.
In dem Nest lag ein Ei.
In dem Ei war ein Dotter.
In dem Dotter war 'ne Laus.
Ich oder du bist raus!

Es ging ein Mann den Berg hinauf,
da begegnet ihm ein Geist.
Da hob er seinen Stecken auf,
und sprach: Wie viel du weißt.
Das Kind, auf das das letzte Wort fällt, nennt eine
Zahl, die der Reihe nach abgezählt wird.

Lirum, larum, Löffelstiel,
alte Weiber fressen viel,
die jungen müssen fasten,
das Brot, das liegt im Kasten,
das Mehl, das liegt im Taubenhaus,
kommt 'ne Maus und trägt es raus,
du bleibst hier und du musst raus!

Wir wollen wandern,
von einem Ort zum andern,
wir wollen wetten
um drei goldne Ketten,
um ein Gläschen Wein,
wer's austrinkt, der muss sein!

Mein, dein, sein,
der Tisch ist noch rein,
der Magen ist noch leer
und brummt wie ein Bär.

Ixen, dixen,
Silbernixen,
ixen, dixen, daus,
du bist raus!

Peter Brummbart, Butterbrot,
schlag den dicken Teufel tot!
Will er denn nicht knacken,
schlag ihn an die Backen,
will er denn nicht schrein,
schlag ihm an die Bein!
Eins, zwei, drei, du bist frei!

Pippel, pappel, Morgenwind,
zipfel, zapfel, weg geschwind,
bleibt kein Blatt an einem Ort,
bist du schnell, so mach dich fort!

Une, dune, dangen,
du musst fangen,
une, dune, daus,
du bist raus!

Wand wider Wand!
Hänschen kommt gerannt,
läuft er in des Nachbars Haus,
isst den Topf voll Honig aus,
lässt den Löffel drinnen stecken,
wart, ich will dir Honig lecken!
Du musst sein!

Eine kleine Dickmadam,
fuhr mal mit der Eisenbahn,
Eisenbahn, die krachte,
Dickmadam, die lachte,
eins, zwei, drei,
du bist frei!

Wir machen keinen langen Mist,
und du bist!

Ruckediguh,
Blut ist im Schuh!
Die rechte Braut ist noch daheim,
eins, zwei, drei, du musst es sein!

Eins, zwei, drei, vier Finkenstein,
wer nicht will, der muss es sein!

Itzen, ditzen,
Silberschnitzen,
itzen, ditzen, daus,
und du bist raus!

Eichen, Buchen, Tannen,
du musst fangen,
Eichen, Tannen, Buchen,
du musst suchen!

Ene, mene, mu,
und raus bist du,
raus bist du noch lange nicht,
sag mir erst, wie alt du bist!
Auf wen das letzte Wort fällt, der nennt
sein Alter. Diese Zahl wird der Reihe
nach abgezählt, der letzte ist raus.

Ene, mene, subtrahene,
divi, davi, domino,
ebbe, bebbe, bembio,
bio, bio, buff,
Eck, Speck, Dreck,
und du bist weg!

Ich und du,
Müllers Kuh,
Müllers Esel,
der bist du!

Bald ist Niklaustag,
kommt der Nikolaus,
greift in seinen Sack,
drin ist nix, du bist raus!

Ene, mene Rätsel,
wer bäckt die Brezel,
wer bäckt den Kuchen,
der muss suchen!

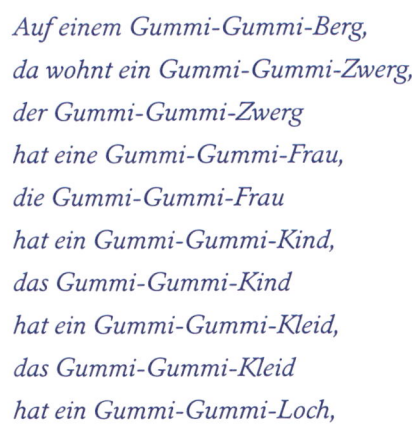

Ene, mene, Tintenfass,
geh zur Schul und lerne was.
Wenn du was gelernet hast,
komm nach Haus und sag mir was.
Eins, zwei, drei,
und du bist frei!

Auf einem Gummi-Gummi-Berg,
da wohnt ein Gummi-Gummi-Zwerg,
der Gummi-Gummi-Zwerg
hat eine Gummi-Gummi-Frau,
die Gummi-Gummi-Frau
hat ein Gummi-Gummi-Kind,
das Gummi-Gummi-Kind
hat ein Gummi-Gummi-Kleid,
das Gummi-Gummi-Kleid
hat ein Gummi-Gummi-Loch,
und du bist doch!

Kaiser, König, Edelmann,
Bürger, Bauer, Bettelmann,
du bist nicht, doch du bist dran.

Ein großes Segelschiff
segelt um die Welt,
segelt an ein Riff,
dass es auseinanderfällt,
kriegt ein Riesenleck,
und schon bist du weg!

Ilse Bilse,
keiner will se,
kam der Koch
und nahm se doch.

Nigel, Nagel, Fingerhut,
wenn du stirbst, dann geht's dir gut.
Gehn drei Engel mit der Leich,
tragen dich ins Himmelreich.
Kommt ein altes Weib,
beißt dir ein Stück vom Leib.
Kommt ein alter Mann,
klebt es wieder an,
und du bist dran!

Nigel, nugel, Nagelstock,
wie viel Hörner hat der Bock?
Eins, zwei, du bist frei!

Hier wird Platz gemacht
für die jungen Damen.
Saß der Kuckuck auf dem Dach,
hat der Regen nassgemacht,
kam der liebe Sonnenschein,
diese Dame soll es sein!

Wollt ein Schmied ein Pferd beschlagen,
wie viel Nägel muss er haben?
Drei, sechs, neun,
Bub, hol Wein!
Knecht, schenk ein!
Herr, trink aus, du bist raus!

Gretchen ist allein zu Haus,
schleckt die heiße Pfanne aus,
steckt den Finger rein,
fängt dann an zu schrein:
A, E, I, O, U,
und raus bist du!

Zehn Polizisten
hüpfen in die Kisten,
hüpfen wieder raus,
und du bist draus!

Ich und du,
kauf'n uns 'ne Kuh,
die Kuh macht Dreck,
und du bist weg!

Steinbock, Stier und Schütze,
springen über die Pfütze,
Zwillinge und Wassermann
sagen laut: Du bist dran!

Ich, du, er, wir, ihr, sie,
wen es trifft, der streite nie.
Auf den letzten Puff kommt's an,
darum bist du jetzt dran!

Ene, mene, miste,
es rappelt in der Kiste,
ene, mene, meck,
und du bist weg!

Eine Fliege wollt nach Wien,
fiel jedoch in den Kamin,
brach sich alle Knochen,
lag im Bett acht Wochen,
dann flog sie wieder aus,
und du bist raus!

Der Kreis ist rund,
da läuft ein Hund,
da läuft 'ne Kuh,
und raus bist du!

Eine kleine Mickymaus,
zieht ihre Hose aus,
zieht sie wieder an,
und du bist dran!

Ach du Schreck,
der Strom ist weg,
Computer fällt aus,
und du bist raus!

Guten Tag, auf Wiedersehn,
tut mir leid, du musst jetzt gehn!

Ene, mene, ditsche, datsche,
ene in die Fresse klatsche,
ene noch dazu,
und raus bist du!

Lebe glücklich, lebe froh,
wie der König Salomo,
der auf seinem Throne saß
und ein Stückchen Käse aß.
Lebe glücklich, werde alt,
bis die Welt in Stücke knallt.
Eins, zwei, drei, du bist frei!

Ich schlage auf mein linkes Bein,
wer nicht wegläuft, der soll's sein!

Ein kleines Männchen
kroch ins Kaffeekännchen,
kroch auch wieder raus,
und du bist draus!

Eine kleine Piepmaus
lief ums Rathaus,
wollte sich was kaufen,
hatte sich verlaufen,
schwipp, schwapp, du bist ab!

Ene mene Mäuse,
wer hat Läuse?
Ene mene muh,
und die hast du!

Bim, bam, bum,
du bist dumm,
bim, bum, bam,
du bist dran!

Müllers dicke, faule Grete,
saß auf einem Baum und nähte,
plumps, fiel sie herab,
und du bist ab!

Ich bin Peter,
du bist Paul,
ich bin fleißig,
du bist faul!

Eins, zwei, drei,
du bist frei!

Automobil,
fahr nicht soviel,
Benzin ist knapp,
und du bist ab.

Zipp, zapp,
Knopp ist ab,
so ein Dreck,
du bist weg!

Auf der blauen Donau
schwimmt ein Krokodil.
Seppl will es fangen
mit dem Besenstiel.
Besenstiel bricht ab,
Seppl fällt in'n Bach.
Seppl schwimmt nach Afrika,
frisst ein Kilo Paprika.
Paprika hat Seppl brennt,
Seppl ist zum Doktor g'rennt,
Doktor gibt ihm Medizin,
Medizin ist Terpentin,
Terpentin ist explodiert,
Seppl ist in d'Luft marschiert.

Caterina Valente
hat 'nen Po wie 'ne Ente,
hat 'nen Kopf wie 'ne Nuss,
und du bist druss!

Amsterdam, die große Stadt
ist gebaut auf Pfählen.
Wenn sie einmal runterkracht,
können wir sie zählen:
Zehn, zwanzig, dreißig, vierzig,
fünfzig, hundert, tausend.
Ich zähl alle aus
und du bist raus!

Einfache Hüpfspiele

Hüpfspiele – das ist für die meisten Kästchenhüpfen oder Seilhüpfen. Doch schon für die Kleinen gibt es einfache Formen von Spielen, die ihrem Bewegungsdrang gerecht werden und sie zum Hüpfen und Hopsen, Laufen und Springen animieren. Am beliebtesten sind dabei die Singspiele, bei denen Handlungen aktiv nachvollzogen werden können. Mit zunehmendem Alter werden aber auch Spiele mit abstrakterem Regelwerk und motorisch anspruchsvolleren Bewegungsabläufen für die Kinder immer reizvoller.

Häschen in der Grube

C					F		C		F	

Häs-chen in der Gru - be saß- und schlief, saß- und

C		G				C			G	

schlief. Armes Häs - chen bist du krank, dass du nicht mehr

C									

hüpfen kannst? Häs-chen hüpf, Häs-chen hüpf, Häs - chen hüpf!

Häschen vor dem Hunde hüte dich, hüte dich!

Er hat einen scharfen Zahn, packt damit das Häschen an.

Häschen hüpf, Häschen hüpf, Häschen hüpf!

Ein Sing- und Hüpfspiel, das schon mit den Kleinsten gespielt werden kann. Alle Kinder sitzen in der Hocke im Kreis um ein Kind, das in der Mitte kauert und sich die Augen zuhält. Bei „Häschen hüpf" springt das Kind in der Mitte auf und verfolgt die anderen Kinder, die in alle Richtungen davonhüpfen. Das Kind, das es erwischt, ist anschließend das „Häschen in der Grube".

Schmetterling, du kleines Ding

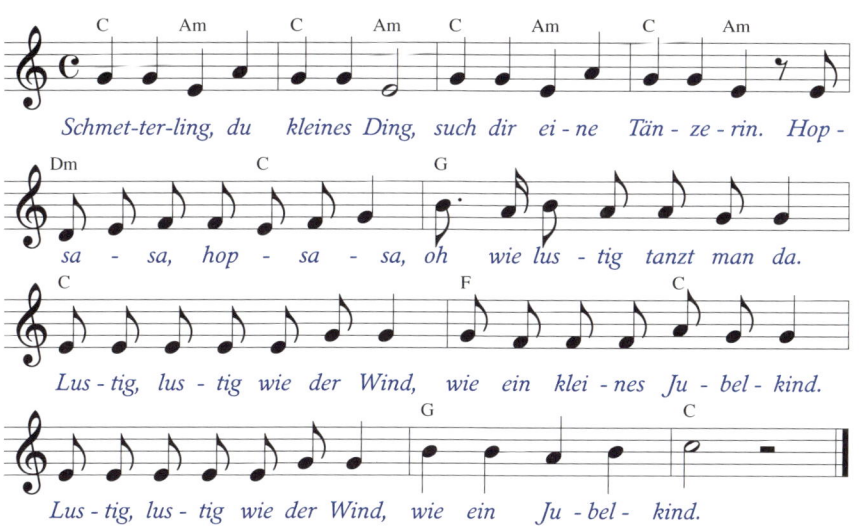

Schmet-ter-ling, du kleines Ding, such dir ei - ne Tän - ze - rin. Hop -

sa - sa, hop - sa - sa, oh wie lus - tig tanzt man da.

Lus - tig, lus - tig wie der Wind, wie ein klei - nes Ju - bel - kind.

Lus - tig, lus - tig wie der Wind, wie ein Ju - bel - kind.

Ein Kind beginnt als Schmetterling umherzuhüpfen. Bei „such dir eine Tänzerin" stellt es sich vor ein anderes, nimmt es an der Hand, und beide hüpfen gemeinsam umher. Danach wird das Lied erneut gesungen; nun sind zwei Schmetterlinge unterwegs, die sich wiederum Partner suchen. Das Spiel endet, wenn alle Kinder zu Schmetterlingen geworden sind.

Froschhüpfen

Die Kinder kauern sich in gleichmäßigem Abstand von etwa einem Meter in einer Reihe hintereinander in Hockstellung nieder und haben die Hände in die Hüften gestützt. Jetzt hüpft das erste Kind los, die anderen folgen ihm im gleichen Tempo, ohne aufeinander zu hüpfen oder umzufallen.

Storch und Frösche

Wir Frö - sche - lein, wir Frö - sche - lein, wir

sind ein lust' ger Chor . Wir ha - ben, wir ha - ben, kein

Schwänz - chen und kein Ohr. Quak, quak, quak, quak, quak,

quak, quak, quak, quak, quak, quak, quak, quak, quak. Quak,

quak, quak, quak, quak, quak, quak, quak, quak, quak, quak, quak, quak, quak.

Wir Fröschelein, wir Fröschelein, wir sind ein lust'ger Chor.
Und kommt der Storch, und kommt der Storch, verschwinden wir im Moor. Quak …

Wir Fröschelein, wir Fröschelein, wir sind ein lust'ger Chor.
Und geht der Storch, und geht der Storch, dann kommen wir hervor. Quak …

Ein durch Abzählen bestimmtes Kind steht als Storch auf einem Bein aufrecht da. Die anderen Kinder kauern als Frösche in Hockstellung auf dem Boden und umhüpfen den Storch. Während die zweite und die dritte Strophe des Liedes gesungen werden, muss der Storch auf dem einen Bein hüpfend versuchen, einen der fliehenden Frösche zu fangen. Gelingt ihm dies, wird der gefangene Frosch zum Storch.

Siebensprung

Kennt ihr nicht den Sie - ben - den, Sie - ben - den,

Sie - ben, kennt ihr nicht den Sie - ben - den, Sie - ben -

sprung? Wer sagt, dass ich nicht tan - zen kann? Kann

tan - zen wie ein E - del - mann. Das ist eins.

Das ist zwei ... Das ist sieben!

Während das Liedes gesungen wird, gehen alle Kinder im Kreis und hüpfen, wenn sie bei „Siebensprung" angelangt sind, hoch und bleiben stehen. Am Ende des Liedes wird erst leise, dann immer lauter bis sieben gezählt; jede Zahl wird mit einem immer größeren Sprung im Kreisrund begleitet.

Apfelschnappen

Beim Apfelschnappen wird ein Stück Apfel an eine Schnur gebunden, die an einem Stock befestigt ist. Nun lässt man das Apfelstück in geringem Abstand über den Köpfen der Kinder schweben. Diese müssen nun versuchen, das Apfelstück mit den Zähnen zu erwischen. Die Hände dürfen dabei nicht zu Hilfe genommen werden; die Arme werden auf dem Rücken verschränkt, aber nicht zusammengebunden.

Hampelmann

Alle Kinder stehen im Kreis und versuchen, sich wie ein an der Wand hängender Hampelmann zu bewegen. In der Mitte des Kreises steht als Hampelmann ein Kind, das durch Abzählen bestimmt wurde, und macht die Bewegungen vor. In der Grundstellung hängen die Arme herunter, die Beine sind geschlossen. Nun springt der Hampelmann in die Grätsche, wirft die gestreckten Arme hoch und klatscht über dem Kopf in die Hände. Danach springt er wieder in die Grundstellung, schlägt die Hacken zusammen und die flachen Hände seitlich an die Oberschenkel usf. Alle Kinder im Kreis machen den Hampelmannsprung nach. Beim Hüpfen kann folgender Spruch aufgesagt werden:

Seht den alten Hampelmann,
wie der hampeln, strampeln kann.
Alle Damen, alle Herrn,
alle hampeln, strampeln gern.
Und der Leierkastenmann
legt 'ne neue Walze an:
Seht den alten Hampelmann ... usw.

Auf einem Bein

Alle Kinder hüpfen bei diesem Spiel auf einem Bein. Wer auf beiden Füßen steht, scheidet aus. Dabei sagen sie diesen Spruch auf:

Guten Tag, Frau Hopsasa,
was macht die liebe Frau Mama?
Ich dank, ich dank, ich dank recht schön,
ich werd mich erst erkund'gen gehn.

Kreishüpfen

Alle Mitspieler stehen in einem großen Kreis, auf „Hüpfweite" von etwa einem Meter voneinander entfernt. Jeder zieht um seine Füße mit einem Stöckchen oder einem Stück Kreide einen kleinen Kreis. Dann wird abgezählt, wer aus seinem kleinen Kreis in die Mitte des großen Kreises treten muss. Der kleine „Standkreis" dieses Mitspielers ist jetzt leer; sobald der Ausgezählte in der Mitte des großen Kreises angelangt ist, hüpft sein ehemaliger Nachbar in den frei gewordenen Kreis. Sofort wird dessen Kreis durch den nächsten Mitspieler besetzt, und so hüpfen alle so schnell wie möglich in die frei gewordenen Standkreise, damit der Spieler in der Mitte möglichst schwer einen kleinen Kreis zurückerobern kann. Ist er schneller und schafft es, einen kleinen Kreis zu besetzten, muss derjenige in die Mitte, der nicht schnell genug nachgehüpft ist.

Taschentuchhüpfen

Bei diesem Spiel stellen sich alle Kinder nebeneinander in einer Reihe auf. Jeder Mitspieler macht nun einen Knoten in sein Taschentuch und wirft es durch die gegrätschten Beine so weit wie möglich nach hinten. Dann drehen sich alle um und schauen, wessen Taschentuch am weitesten geflogen ist. Der Werfer dieses Taschentuchs hüpft nun auf einem Bein über alle anderen Taschentücher zu seinem Taschentuch, hebt es auf und wirft es an eine andere Stelle. Danach hüpft der, dessen Taschentuch am zweitweitesten geflogen ist usw. Wer ein Taschentuch beim Überhüpfen berührt oder eines auslässt, bevor er sein eigenes aufhebt, scheidet aus.

Bockspringen

Auf einem freien Platz oder in einem großen Raum stellt sich das erste Kind nach vorne gebeugt auf und stützt sich mit den Händen auf den Knien ab. Das nächste Kind springt im Grätschsprung über diesen Bock und stellt sich in ein paar Metern Entfernung in der gleichen Haltung auf. Das dritte Kind springt über die beiden und nimmt als dritter Bock Aufstellung usw. Sind alle Kinder gesprungen und haben sich als Böcke aufgestellt, löst sich die Reihe auf, indem der erste Bock über alle anderen springt, dann der zweite usf.

Unter dem Namen Hammelsprung ist das Spiel bekannt, wenn die Mitspieler nicht von hinten, sondern von der Seite übersprungen werden müssen. Das erfordert mehr Kraft und Geschicklichkeit, da die Beine stärker gegrätscht werden müssen, um den Hammel nicht umzuwerfen.

Schlangenkönig

Durch Abzählen wird der Schlangenkönig bestimmt; er stellt sich mit einem Seil in der Hand in die Mitte des Kreises, der von den anderen Kindern gebildet wird. Nun wirft der Schlangenkönig das Seil, die Schlange, aus und beginnt, sie ganz knapp über dem Boden unter den Füßen der im Kreis Stehenden durchzuschwingen. Das Seil muss also mindestens so lang sein, dass es die Kinder, die nicht zu eng nebeneinander stehen dürfen, erreicht. Nach der ersten Seilumrundung wird die Schlange giftig. Wer jetzt nicht hoch genug springt und von der Schlange gebissen wird, scheidet aus. Wer zuletzt im Kreisrund übrig bleibt, wird neuer Schlangenkönig.

Hinklauf

Alle Kinder stehen nebeneinander in einer Reihe. Jedes winkelt nun ein Bein an und nimmt den linken Fuß in die linke Hand oder den rechten Fuß in die rechte Hand. Auf ein Zeichen hinken nun alle auf ein Ziel zu. Wer zuerst ankommt, ist Sieger. Sind nunmehr alle Kinder einigermaßen sicher beim Hüpfen auf einem Bein, wird ein verbundener Hinklauf durchgeführt. Alle Kinder stehen dabei hintereinander in zwei Reihen. Jeder fasst nun mit der linken Hand den angehobenen linken Fuß des Vordermanns und legt die rechte Hand auf dessen rechte Schulter. Auf ein Zeichen hin beginnt nun der Hinklauf, der so lange dauert, bis die Läufer einer Gruppe müde werden.

Sackhüpfen

Alle Mitspieler stecken in einem Sack, der ihnen bis zur Brust reicht. In einer Reihe aufgestellt, versuchen sie nun, ein Ziel so schnell wie möglich zu erreichen.

Die Fortbewegungsart kann dabei frei gewählt werden: Hüpfen, in kleinen Schritten gehen, auf Knien rutschen, ja sogar kriechen. Die Hände dürfen jedoch nicht zu Hilfe genommen werden, nur die Ellbogen dürfen die Vorwärtsbewegung unterstützen. Ein sandiger Untergrund, auf dem sich niemand verletzen kann, und der das ohnehin schon schwierige Vorwärtskommen noch erschwert, ist bei diesem Spiel ideal. Wer das Ziel als erster erreicht, bekommt sein Lieblingsgetränk.

Hickeln, Hinkeln, Kästchenhüpfen

Hickel- oder Hinkelspiele lassen sich überall dort spielen, wo man mit Kreide auf den Boden zeichnen oder mit einem Stock die Figuren in die Erde ritzen kann. Grundsätzlich kann jedes Hickelspiel allein gespielt werden, aber viel lustiger ist es, wenn man mindestens zu zweit durch die aufgezeichneten Figuren hüpft. Am meisten Spaß machen diese Hüpfspiele jedoch in kleineren Gruppen bis etwa acht Mitspieler. Sind es mehr, muss jeder zu lange warten, bis er wieder an der Reihe ist. Mit etwas Übung sind alle Hickelspiele kinderleicht zu durchhüpfen. Sie werden schwieriger, wenn man einen flachen Stein, eine Tonscherbe oder einen Pfirsichkern mit dem Fuß von einem Kästchen zum anderen schubsen (schnicken) oder damit vor dem Hüpfen ein Kästchen markieren muss, indem man den Gegenstand dort hineinwirft. Dieses markierte Feld wird übersprungen, und beim Rückweg muss der Stein auf einem Bein stehend aufgehoben werden. Nun wird der Stein in das nächste Feld, das nun übersprungen werden muss, geworfen usw. Dabei gilt es, eine festgelegte Reihenfolge einzuhalten.

Heuschrecken

Auf den Boden werden einige Kreise mit einem Durchmesser von etwa 50 Zentimeter gezeichnet. Die Kreise sollten unregelmäßig angeordnet und etwa 30 bis 50 Zentimeter voneinander entfernt sein. Nun hüpfen der Reihe nach alle Mitspieler mit beiden Beinen von einem Kreis zum nächsten, ohne den Rand des Kreises zu berühren. Regelgerecht durchhüpfte Kreise geben einen Punkt; wird der Kreisrand berührt, gibt es keinen Punkt. Sieger ist, wer nach 10 oder 20 Durchgängen die meisten Punkte hat.

Einfacher Hinkepott

Die einfache Form dieses Kästchenhüpfspiels täuscht. Auch mit dieser simplen Figur lassen sich schwierige Hüpfkombinationen spielen.

Zuerst wird beidbeinig in Feld 1 gesprungen, dann in Feld 2 und 3 gegrätscht und schließlich wieder in Feld 4 gehüpft. Dort wird kehrtgemacht und die Figur zurückgehüpft. Im nächsten Durchgang wird in Feld 4 nicht zurückgehüpft, sondern man grätscht rückwärts in Feld 2 und 3 und hüpft wieder in Feld 1. Danach muss die Figur auf einem Bein durchhüpft werden, von Feld 1 bis 4 mit Kehrtwendung und wieder zurück; anschließend von Feld 1 bis 4 und ohne Umdrehen rückwärts von Feld 4 bis 1. Schließlich gilt es, mit verbundenen Augen in die Kästchen zu grätschen, ohne auf eine Linie zu treten. Wer diese Grundform sicher durchhüpfen kann, wird auch alle anderen Hüpfspiele meistern, egal wie schwierig sie anfangs wirken.

Himmel und Hölle

Das wohl älteste aller Hickelspiele heißt Himmel und Hölle. Ähnlich wie die Himmelsleiter (siehe Seite 49) wird Himmel und Hölle gespielt. Auch hier darf das Hölle-Kästchen von keinem der Mitspieler betreten werden.

Zum Aufwärmen darf jeder Spieler die Kästchen probehalber durchhüpfen. Das Startfeld ist Erde, dann wird mit beiden Beinen in die Felder 1, 2 und 3 gehüpft, mit dem linken in Feld 4 und dem rechten in Feld 5 gegrätscht, bevor man mit beiden Beinen wieder auf Feld 6 hüpft und in 7 und 8 grätscht. In das Feld 9 hüpft man wieder mit geschlossenen Beinen; dann gilt es, die Hölle zu überspringen und im Himmel zu landen, in dem gewendet, kurz verschnauft und ausgerastet wird, bevor man wieder den Rückweg zur Erde antritt.

Beim Probedurchgang, bei dem alle Spieler das Spielfeld einmal durchhüpfen dürfen, sind Fehler wie auf einen Strich hüpfen oder in der Hölle landen noch nicht schlimm. Aber wenn alle einmal zur Probe durchgehüpft sind, geht das Spiel richtig los. Wer dann einen Fehler macht, muss aussetzen bis alle anderen Mitspieler dran waren; er kann dann dort weitermachen, wo ihm der Fehler passiert ist.

Beim ersten Durchgang hüpfen alle mit beiden nebeneinander stehenden Beinen, beim zweiten mit gekreuzten Beinen, beim dritten auf einem Bein und zum Schluss mit geschlossenen Augen. Wer beim Hüpfen einen Fehler macht, also entweder auf eine Linie tritt oder gar ein Feld auslässt, muss aussetzen, bis die nächste Runde gespielt wird.

Himmel und Erde

Himmel und Erde ähnelt den beiden vorhergehenden Hüpf-spielen.

Als Startfeld gilt wiederum die Erde. Von dort wird der Schnick-stein in Feld 1 geworfen. Dieses Feld wird nun ausgelassen; der Spieler hüpft beidbeinig in Kästchen 2, dann in Kästchen 3, grätscht in Kästchen 4 und 5, hüpft beidbeinig in Kästchen 6, dann in Kästchen 7 und 8, schließlich in den Himmel. Dort kann vor dem Rückweg kurz ausgeruht werden. Ist der erste Durchgang fehlerfrei geschafft, bleibt der Stein vorerst liegen.

Nunmehr müssen alle Kästchen des Spielfeldes, außer dem, in welchem der Stein liegt, auf einem Bein durchhüpft werden. Klar, dass dabei nicht in zwei Felder gleichzeitig gegrätscht werden kann. Ebenso wie beim folgenden Durch-gang, wenn es für alle Mitspieler heißt, mit gekreuzten Beinen, also im Scheren-sprung, die Figur fehlerfrei zu durchhüpfen.

Anschließend wird der Stein aufgehoben und von der Erde aus in Kästchen 2 geworfen; das geht so fort, bis der Stein in alle Felder bis hinauf zum Himmel geworfen und die Figur auf die oben beschriebene Weise durchhüpft wurde. Wer alle Durch-gänge – beidbeinig, auf einem Bein, mit gekreuzten Beinen und im Scherensprung – fehlerfrei geschafft hat, darf zum Schluss als Mei-sterspringerprüfung versuchen, Himmel und Erde mit verbundenen Augen zu durchhüpfen. Dabei wird normal gehüpft, es darf auf keine Linie getreten und kein Feld ausgelassen werden.

Himmelsleiter

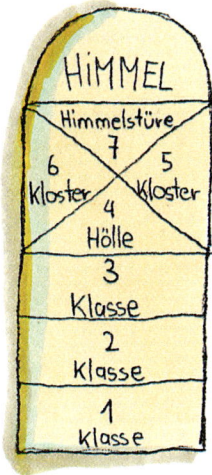

Beim Aufstieg in den Himmel hüpft jeder Spieler nacheinander in die Klasse 1, 2, 3, dann ins Kloster (5), weiter zur Himmelstüre (7) und schließlich in den Himmel. In alle Kästchen darf nur auf einem Bein gehüpft werden; eine Ausnahme ist der Himmel. Hier darf man mit beiden Beinen aufkommen, bevor man sich mit einem großen Sprung umdreht und über die Felder 7, 6, 3, 2 und 1 wieder nur auf einem Bein die Himmelsleiter hinunterhüpft. Sowohl beim Auf- als auch beim Abstieg gilt: Wer auf eine Linie tritt, ins Hölle-Kästchen oder mit beiden Beinen hüpft, muss aussetzen, bis alle anderen dran waren. Wer fehlerfrei gehüpft ist, wiederholt das Ganze auf dem anderen Bein.

Kugel- oder Knödelhüpfen

Voraussetzung für dieses Spiel ist Treffsicherheit beim Werfen des Spielsteins oder -hölzchens und beim Hüpfen in die Kreise, die an Kugeln oder Knödel erinnern.

Zuerst wird der Stein in Feld 1 geworfen, dann wird mit einem Bein in dieses Feld gehüpft, in 2 und 3 gegrätscht, beidbeinig in 4 gehüpft, in 5 und 6 gegrätscht, beidbeinig in 7 gehüpft usw. Im Himmel hüpft man einmal auf einem Bein um das Kreuz, bevor man wieder abwärts hüpft. Der Spielstein wird auf einem Bein stehend aufgehoben und die Figur verlassen. Haben alle Spieler den ersten Durchgang fehlerfrei geschafft, wird der Spielstein in Feld 2 geworfen, bevor die Figur in bewährter Manier erneut durchhüpft wird.

Mit ein bisschen Übung lässt sich der Himmel auch erreichen, wenn man den Spielstein auf dem Handrücken oder Kopf balanciert, während man durch die Kugeln hüpft.

Brief abschicken

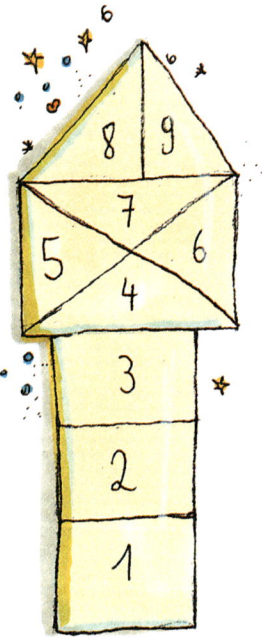

Das Spielfeld sieht im oberen Teil wie ein aufgeklappter Briefumschlag aus. Die Kästchen werden nacheinander durchhüpft, nur in die Felder 5 und 6 sowie 8 und 9 wird gegrätscht. In 8 und 9 macht jeder Spieler eine Kehrtwendung, bevor es wieder zurück geht. Wer fehlerfrei auf beiden Beinen und danach auf je einem Bein durchgehüpft ist, muss noch einen Durchgang hüpfen und dabei folgendes Sprüchlein aufsagen:

Eins, zwei, drei, vier, fünf, sechs, sieben,
wer hat diesen Brief geschrieben?

Bei „sieben" wird oben gewendet. Wer auch das ohne Fehler geschafft hat, darf seinen Namen irgendwo auf den Umschlag schreiben – damit alle wissen, wer den Brief abgeschickt hat.

Schnickhinkeln

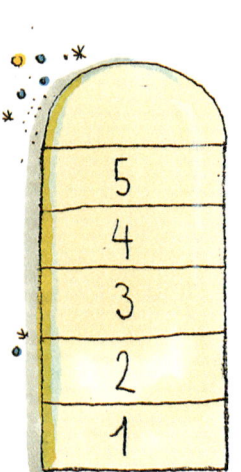

Zu vielen Hinkelspielen gehört ein flacher Stein, eine Tonscherbe oder ein Pfirsichkern. Dieser Spielstein wird beim Schnickhinkeln ins erste Feld gelegt und dann mit dem Fuß ins zweite Kästchen geschnickt. Erst wenn der Stein im nächsten Kästchen liegt, darf der Spieler hinterherhüpfen. Es gilt dabei, den Stein vorsichtig zu schnicken; er darf nicht zu weit rutschen und auf einer Linie oder in einem falschen Kästchen landen! Sonst heißt es aussetzen.

Der Stein wird bis in Feld 5 geschnickt, dann wird in den Halbkreis gehüpft und mit einem Sprung gewendet. Wer seinen Stein fehlerfrei hoch- und wieder hinuntergeschnickt hat, versucht beim nächsten Durchgang, den Stein auf einem Fuß stehend zu schnicken.

Kreuzsprung

Der Schnickstein wird in Feld 1 geworfen. Der Spieler überspringt dieses Feld und landet mit gespreizten Beinen in Kästchen 2 und 3, grätscht weiter in 4 und 5 und landet beidbeinig in Kästchen 6, hüpft weiter gleichzeitig in 7 und 8, macht eine Kehrtwendung, bevor es entsprechend zurück geht. Auf dem Rückweg wird auch in das Kästchen mit dem Stein gehüpft, wobei der Schnickstein beim Aufhüpfen mit dem Fuß aus der Figur geschossen werden muss.

Beim zweiten Durchgang muss der Schnickstein in Kästchen 2 geworfen werden, das dann übersprungen wird. Also: Mit beiden Beinen in 1, dann in 3 hüpfen, in 4 und 5 grätschen, beidbeinig in 6 springen, in 7 und 8 grätschen, ein großer Wendesprung und wieder zurück. Nun wird der Schnickstein in Kästchen 3 geworfen, in 1 und 2 gegrätscht, in 4 und 5 gegrätscht usw.

Doppelreihen

Doppelreihen sind meist auf einer Seite aufsteigend, auf der anderen absteigend nummeriert. Es gilt, den Stein mit dem Fuß vom ersten Kästchen in die nachfolgenden zu schnicken. Bei der einfachsten Form wird wie beim Schnickhinkeln der Stein erst geschnickt, bevor der Spieler in das entsprechende Kästchen hinterherhüpfen darf. Schwieriger wird es, wenn beim Sprung in das Kästchen der Stein geschnickt werden muss.

Nur wer die Doppelreihe fehlerfrei hoch- und wieder hinuntergehüpft ist, darf die nächstschwierigere Variante in Angriff nehmen: Auf einem Bein hüpfen, nur in jedes zweite Kästchen treffen, oder was auch immer an Spielregeln abgemacht wird.

Kirchturmhüpfen

Zuerst wird der Stein durch die nicht numme-rierten Felder bis hoch zur Kirchturmspitze geschnickt, dann hüpft jeder Spieler im Wechsel-sprung den Kirchturm hoch: Mit einem Bein in Kästchen 1, beid-beinig in 2, einbeinig in 3 usw. In der Kirchturmspitze angekommen, wird der Stein in das leere Feld zwischen die Kästchen 5 und 6 ge-schnickt, bevor über 6 bis 10 der Abstieg – jeweils einbeinig in die ungeraden, mit beiden Beinen in die geraden Felder hüpfen – in Angriff genommen wird. Danach geht's den Kirchturm in bewährter Manier wieder hoch. Oben angekommen, hüpft man mit beiden Beinen in das Feld mit dem Stein, schnickt ihn ein Feld tiefer, hüpft im Grätschsprung wieder heraus – ganz oben also auf die Felder 5 und 6 –, dann über 7 bis 10 wieder nach unten. So wird der Stein bei jedem Durchgang ein Feld tiefer geschnickt, bis er schließlich den Kirchturm unten wieder verlässt.

Rad

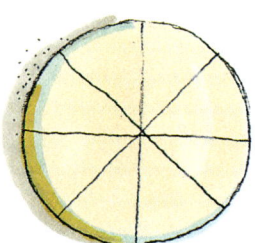

Die Figur ist hier ein einfacher Kreis, der in mehrere Segmente unterteilt ist. Zu Beginn hüpft man beidbeinig in ein beliebiges Segment des Kreises, das Startfeld. Dann wird mit dem linken Bein in das Segment links daneben gehüpft, und gleich darauf mit beiden Bei-nen in das Feld rechts neben dem Startfeld; das Startfeld wird also übersprungen, und man steht im Segment rechts daneben. Jetzt mit dem linken Bein wieder eins links hüpfen (in das ursprüngliche Start-feld also), ein Feld überspringen und mit beiden Beinen noch ein Feld weiter rechts landen. Das geht so weiter, bis das ganze Rad durch-hüpft ist. Je kleiner die Segmente sind, desto schwieriger ist es.

Wörterkreis

Ein Kreis wird in acht gleich große Segmente unterteilt. In jedes Segment wird ein Oberbegriff eingetragen, etwa Tiere oder Mädchennamen. Der erste Spieler wirft nun seinen Stein in eines der Segmente; bevor er hineinhüpft, nennt er einen Begriff, der unter den Oberbegriff passt, bei dem sein Stein gelandet ist. Das Alphabet gibt die Reihenfolge vor. Landet also in der ersten Runde der Stein des Spielers bei Mädchennamen, kann er Anna sagen, in das Feld und danach in frei gewählter Folge in die anderen Segmente des Kreises hüpfen, wobei er jedesmal einen Begriff mit dem entsprechenden Buchstaben nennen muss. Auch hier gelten die Spielregeln: Landet der Stein auf einem Strich oder berührt der Spieler eine Linie, muss er aussetzen, bis alle anderen dran waren. Ebenso, wenn er einen falschen Begriff nennt oder zu lange zögert.

Französischer Kreis

Der französische Kreis wird auf folgende Weise – mit dem Gesicht zur Kreismitte – durchhüpft: Mit beiden Beinen in Feld 2 hüpfen, mit dem linken in Feld 1, von dort ins Feld 3, wo man mit dem rechten Bein aufkommt; sofort weiterhüpfen: mit dem linken Bein in Feld 2, mit dem rechten in Feld 4, mit dem linken in Feld 3, mit dem rechten in Feld 5 usw. Die beiden nicht nummerierten Felder dürfen nicht betreten werden, ebenso wenig die Feldbegrenzungslinien.

Deutscher Kreis

Das Spielfeld besteht aus einer Doppelreihe, in die ein Kreis gezeichnet wird. In der ersten Runde wird die Doppelreihe im Grätschsprung durchhüpft. Beim Hinaufhüpfen wird außerhalb des Kreises, beim Rückweg in den Kreis hinein gegrätscht. Auf keinen Fall darf die Kreislinie berührt werden. Beim zweiten Durchgang wird auf einem Bein von 1 bis 5 hoch- und von 6 bis 10 hinuntergehüpft. In die Felder 3 und 8 wird mit beiden Beinen gesprungen, je ein Fuß muss dabei im Kreis, der andere außerhalb des Kreises landen. Beim dritten Durchgang wird der Stein in Kästchen 1 gelegt und beim Hineinhüpfen in Kästchen 2 geschnickt usw. Er darf nicht im Kreis landen oder die Kreislinie berühren. In der vierten Runde wird auf einem Bein gehüpft und der Stein mit dem Sprungbein geschnickt, beim fünften Durchgang dasselbe mit dem anderen Bein gemacht.

Neunerkasten

Grundform des Neunerkastens ist eine Figur mit neun quadratischen Feldern, von denen nur die mittleren drei nummeriert sind. Zuerst wird in Kästchen 1 gehüpft, in die beiden daneben liegenden Felder gegrätscht, auf 1 zurück und rückwärts aus der Figur hinausgehüpft. Dann hüpft man in 1, weiter in Kästchen 2, grätscht in die beiden Felder neben 2, springt auf 2 zurück, dann auf 1 und verlässt die Figur erneut. Ebenso wird Kästchen 3 über 1 und 2 erreicht, bevor in die Felder neben 3 gegrätscht und anschließend rückwärts zurückgehüpft wird. Schwieriger wird's, wenn beim zweiten Durchgang in die vorhergehenden Kästchen nicht mehr gehüpft werden darf, die Figur also direkt von Kästchen 2 und 3 rückwärts verlassen werden muss. Beim letzten Durchgang wird blind gehüpft.

Zahlenrad

In den inneren Segmenten des Kreises stehen die Zahlen 1 bis 8, im äußeren Ring die Zahlen 9 bis 16. Bei diesem Spiel hat jeder Spieler fünf Spielsteine, am Besten solche, die sich von Spieler zu Spieler deutlich voneinander unterscheiden, etwa durch verschiedene Farben. Nun wird festgelegt, welche Zahl erreicht werden soll. Danach versucht jeder Spieler, seine fünf Spielsteine so in die verschiedenen Kästchen zu werfen, dass er der erforderlichen Zahl möglichst nahe kommt. Steinchen, die auf einer Linie liegen bleiben, zählen dabei nicht. Haben die Spieler nacheinander ihre Steinchen geworfen, darf derjenige als erster hüpfen, der seine fünf Spielsteine so in die Felder geworfen hat, dass die Summe der Felder die anfänglich festgelegte Zahl ausmacht. Er durchhüpft jetzt auf einem Bein alle Felder von 1 bis 16 und sammelt dabei seine Spielsteine ein. Macht er dabei keinen Fehler, z.B. auf eine Linie treten oder ein Steinchen vergessen, darf er ein Zahlenkästchen des äußeren Rings für sich beanspruchen. Dieses Kästchen muss von allen anderen Spielern übersprungen werden, die jetzt nacheinander das Zahlrenrad durchhüpfen. Die Reihenfolge bestimmt sich dabei nach der erreichten Nähe zur geforderten Zahl. Erreicht anfangs kein Spieler mit seinen fünf Steinen die geforderte Zahl, werden die Steine eingesammelt und erneut geworfen. Es werden so viele Durchgänge gespielt, bis jeder Spieler mindestens ein Kästchen des äußeren Rings in Besitz genommen hat, jeder also mindestens einmal die geforderte Zahl erreicht und dann die Kästchen fehlerfrei durchhüpft hat.

Doppelhopsen

Ähnlich wie der Neunerkasten geht Doppelhopsen; und auch hier kommt es auf schnelles, fehlerfreies Hüpfen an.

Vom Startfeld (S) aus hüpft jeder Spieler in Feld 1, grätscht in die Felder A und hüpft rückwärts wieder ins Startfeld. Dann wird sofort in Feld 2 gehüpft, in die Kästchen B gegrätscht, rückwärts in 1 gehüpft, in die Felder A gegrätscht und schließlich ins Startfeld gehüpft. Ohne Pause geht's sofort vom Startfeld in Feld 3. Von hier aus in die Kästchen C grätschen, rückwärts auf 2, in die Kästchen B grätschen, rückwärts auf 1, in die Kästchen A grätschen und schließlich zurück ins Startfeld hüpfen. Wer diese Dreieraufgabe am schnellsten von allen Mitspielern fehlerfrei löst, ist Oberdoppelhopser.

Englischer Kasten

Der sogenannte englische Kasten ist eine Neunerfigur mit Startpunkt (Mal).

Aus einer festgelegten Entfernung wird ein Stein geworfen, der innerhalb dieses Mals landen muss. Danach stellt sich der Spieler in das Mal und hüpft auf Feld 1, grätscht in 2 und 4, hüpft beidbeinig in 5, grätscht in 3 und 7, danach in 8 und 6 und hüpft schließlich in 8. Dort wird mit einem einzigen Sprung gewendet.

Beim zweiten Durchgang muss die Figur von jedem Mithüpfer rückwärts zurückgehüpft werden.

Wochenhickel

Beim Wochenhickel sind die Kästchen wie ein großes Kreuz angeordnet, der Sonntag liegt zentral. Im ersten Durchgang wird der Stein in Montag geworfen, auf einem Bein in Dienstag gehüpft, dann die Wochentage weiter bis Sonntag, wo man kurz verschnaufen und auf beiden Beinen stehen darf. Dann geht's auf einem Bein wieder zurück. Auf dem Rückweg hüpft man in Montag, nimmt – auf einem Bein! – den Stein auf und verlässt die Figur. Dann wird der Stein in Dienstag geworfen und auf einem Bein in Montag, Mittwoch, Donnerstag usw. gehüpft. So landet der Stein nacheinander in allen Wochentagen; der Sonntag bleibt ausgespart.

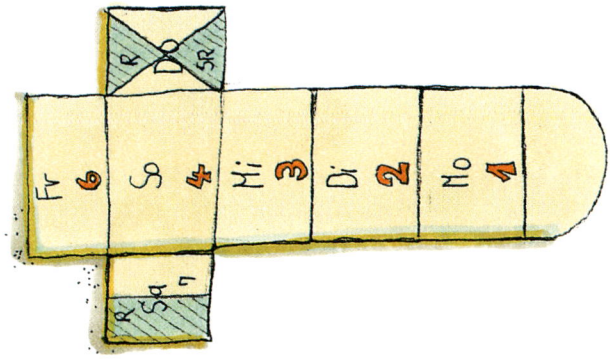

Wer fehlerfrei siebenmal durch die Figur gehüpft ist, darf einen Teil eines Wochentags als seinen Besitz anzeichnen. Alle anderen Mitspieler dürfen dort nicht mehr hineintreten, und auch ihr Spielstein darf nicht innerhalb dieser Markierung landen. Das Spiel geht weiter, indem nun dreimal hintereinander von Montag bis Montag gehüpft werden muss, während der Stein auf dem Handrücken balanciert wird: beim ersten Durchgang mit beiden Beinen, beim zweiten auf dem linken, beim dritten nur auf dem rechten Bein. Auch dabei dient das Sonntag-Kästchen als Ruhefeld, in dem man kurz verschnaufen darf.

Schnecke

Diese große Schneckenfigur kann auf die verschiedensten Arten durchhüpft werden. Durch die unterschiedlichen Größen der Kästchen ist es bei der Schnecke besonders schwierig, nicht auf einen Strich zu treten.

Zuerst wird mit beiden Beinen von außen nach innen und zurück gehüpft, um sich an die Spiralenform zu gewöhnen. Das innerste Feld der Schnecke ist zum Umdrehen und Ausruhen da. Danach folgt je ein Durchgang, der nur auf dem rechten bzw. auf dem linken Bein gehüpft wird. Anschließend wird ein Spielstein geworfen, und zwar vom Startfeld aus in Kästchen 1, das nun auf einem Bein übersprungen werden muss. Auf dem Rückweg wird der Spielstein wieder aufgehoben und vom Startfeld aus in Kästchen 3 geworfen. Wenn alle ungeraden Zahlen getroffen wurden, sind die geraden Zahlen dran.

Wer diese Aufgaben geschafft hat, darf ein Kästchen der Schnecke für sich beanspruchen. Die anderen Mitspieler dürfen dieses Kästchen nicht mehr betreten oder ihren Stein hineinwerfen. Um das Hüpfen nicht unmöglich zu machen, dürfen solche Besitzerkästchen nie direkt nebeneinander liegen; es muss immer mindestens ein Feld zwischen ihnen frei bleiben. Im letzten Durchgang wird der Spielstein vom Startfeld aus in Kästchen 1 geworfen, von dort auf einem Bein hüpfend in Kästchen 2 geschnickt usw., bis ins Innerste der Schnecke. Der Stein darf nicht auf einer Linie oder einem fremden Kästchen zu liegen kommen. Dasselbe gilt für den Rückweg.

Kugelschnecke

Noch schwieriger wird das Schneckenhüpfen, wenn die Schnekkenfigur nicht am Stück gezeichnet wird, sondern sich aus immer kleiner werdenden Kreisen oder Kugeln zusammensetzt. Auch bei der Kugelschnecke müssen zuerst alle Felder von außen nach innen auf beiden Beinen, dann auf einem Bein durchhüpft werden. Dann wird der Spielstein in die äußerste Kugel gelegt und von Kugel zu Kugel immer weiter nach innen geschnickt, wobei auf einem Bein hinterhergehüpft werden muss. Wer dies hin und zurück fehlerfrei geschafft hat, darf eine Kugel farbig ausmalen oder seinen Namen hineinschreiben. Diese Kugel muss jetzt von allen anderen Spielern überhüpft und überschnickt werden.

Doppelkreis

Zuerst wird der Spielstein in den äußeren Kreis geworfen. Dann springt der Spieler auf einem Bein in den äußeren Kreis und stößt, immer auf einem Bein hüpfend, den Stein vor sich her. So wird der äußere Kreis im Uhrzeigersinn durchhüpft, ohne dass der Stein auf einer Linie zu liegen kommt oder den äußeren Kreis verlässt. Die Linien dürfen beim Hüpfen nicht berührt werden. Nach einer vollständigen Umrundung wird der Stein aufgenommen und aus der Figur gehüpft. Danach wird der Stein in den inneren Kreis geworfen, der äußere wird übersprungen, und der innere nun wie der äußere Kreis durchhüpft, jedoch gegen den Uhrzeigersinn. Ist dieser Durchgang geschafft, wird der Stein aufgenommen und von außerhalb der Figur in den innersten Kreis geworfen. Nun hüpft der Spieler auf einem Bein mit einem großen Satz in die Mitte, nimmt den Stein schnell auf und verlässt die Figur sofort wieder.

Zahlenkästchen

Zahlenkästchen zu hüpfen ist eine besonders spannende Sache. Auf den einzelnen Zahlenfeldern darf nicht verweilt werden; nur auf den mit R gekennzeichneten Kästchen ist ein kurzes Verschnaufen erlaubt. Es gilt also, die Kästchen so schnell wie möglich – und natürlich fehlerfrei – zu durchhüpfen. Die anderen Mitspieler wachen mit Argusaugen darüber, dass die Reihenfolge stimmt und die Linien beim Hüpfen nicht berührt werden.

R	24	28	7	29	6	30	5
22	18	25	17	2	13	3	12
19	23	27	8	16	9	11	4
21	20	26	15	1	14	10	R

Wer die Zahlenkästchen beidbeinig sehr schnell durchhüpft, probiert es auf einem Bein und schließlich rückwärts hüpfend aus.

Vierzigerhüpfen

Die Krönung des Zahlenkästchenhüpfens ist bestimmt das Vierzigerhüpfen. Auf den Boden wird ein großes Rechteck gezeichnet, das in 40 kleine Quadrate eingeteilt wird. Die Quadrate müssen so groß sein, dass man darin stehen kann, also mindestens 30 mal 30 Zentimeter. Es stehen keine Ruhekästchen zur Verfügung; man muss die Figur also am Stück und mit Tempo durchhüpfen. Wer das nacheinander beidbeinig, auf je einem Bein und schließlich noch rückwärts

1	6	9	11	18	21	25	35	38	40
7	8	12	15	20	24	27	36	39	37
2	5	10	19	17	22	26	34	32	33
4	3	13	16	14	23	28	30	29	31

geschafft hat, ohne einen Fehler zu machen, der darf ein Zahlenkästchen seiner Wahl mit farbiger Kreide ausmalen oder seinen Namen hineinschreiben. In dieses Kästchen dürfen nun die anderen Mitspieler nicht hüpfen.

Buchstaben hüpfen

Ein Sechzehnerfeld ist die Grundfigur dieses Hüpfspiels, bei dem es darum geht, mit je einem Bein in einem Buchstabenfeld zu landen. In der ersten Runde wird in die gleichen Buchstaben gehüpft. Der Spieler verkündet mit lauter Stimme die beiden Begriffe, die er für die Buchstaben gefunden hat; zum Beispiel „Elefant und Esel!", dann „Gurke und Gewehr!" usw. Oben wird gewendet und zurückgehüpft.

In der zweiten Runde werden nur die mittleren beiden Reihen der Figur von unten nach oben durchhüpft, sodass etwa die Paarung „Esel und Nuss!" usw. entsteht.

In der dritten Runde wird das Sechzehnerfeld diagonal durchquert. Der Spieler hüpft zuerst in das Feld E und nennt einen Begriff, danach grätscht er in die Felder E und G, hüpft in G, grätscht in H und K, hüpft in S, grätscht in L und S und hüpft schließlich in L. Dabei muss er jedesmal ein Begriffspaar bzw. einen Begriff nennen. Die verschiedenen Spieler nehmen dabei abwechselnd die vier Ecken des Feldes in Angriff und durchhüpfen die Figur so in verschiedene Richtungen.

In der vierten Runde schließlich wird auf einem Bein gehüpft. Begonnen wird bei E, oben wird von R zu R und dann wieder nach unten gesprungen; hier wird wieder gewendet usw. In jedem Feld muss laut ein Begriff gerufen werden, der mit dem Feldbuchstaben beginnt.

Als Fehler gilt, wenn auf die Linie gehüpft, zu lange gezögert, ein falsches Wort genannt oder ein Begriff doppelt verwendet wird.

Begriffe suchen

Auch bei diesem Hüpfspiel lassen sich die Schwierigkeitsgrade nicht nur durch die Art des Hüpfens, sondern auch durch die Größe des Spielfeldes und die Auswahl der Buchstaben variieren. Einfach sind beispielsweise Wörter, die mit E oder A beginnen; aber wer kennt schon Begriffe mit Z oder gar Y? Und so funktioniert das Spiel: Wer durch Abzählen bestimmt wurde, wirft seinen Spielstein mitten hinein in die Figur. Bleibt der Stein nicht auf einer Linie sondern in einem Kästchen liegen, kann's losgehen. Der Spieler hüpft in das Kästchen und nennt einen Begriff, der mit dem entsprechenden Buchstaben beginnt. Dann hüpft er in das zweite Kästchen mit dem gleichen Buchstaben und nennt wieder einen Begriff. Danach springt er in ein Buchstabenkästchen seiner Wahl, nennt wieder einen Begriff und muss nun in das zweite Kästchen des gleichen Buchstabens springen. Auf diese Weise muss er die ganze Figur durchhüpfen und zu jedem Buchstabenpaar zwei Begriffe finden.

Wörterhopsen

Die Figur für Wörterhopsen wird nach dem angegebenen Schema durchhüpft. Man beginnt links unten und endet rechts unten. Zu jedem Buchstaben, der im Kästchen steht, muss so schnell wie möglich ein Wort gefunden werden. Gehüpft werden darf nur auf einem Bein; das andere wird angehoben, und der Fuß wird mit beiden Händen hinter dem Rücken festgehalten. So muss man sich einerseits auf das Gleichgewicht, andererseits auf die Wörter konzentrieren, was gleichzeitig gar nicht so einfach ist. Wer die Figur am schnellsten fehlerfrei durchhüpft, hat gewonnen.

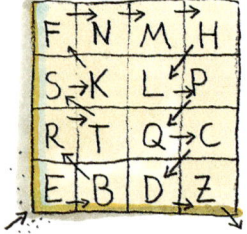

Hufeisen

Wie bei echten Hufeisen gibt es auch bei Hickel-Hufeisen mehrere Nägel, dargestellt durch kleine Kreise. Der durch Abzählen bestimmte Spieler legt seinen Spielstein an eines der Hufeisenenden und schnickt ihn mit dem Fuß in das Hufeisen hinein. Dann hüpft er auf einem Bein hinter dem Stein her und schnickt ihn mit dem Hüpfbein weiter. Der Stein darf aber nicht in einem Nagelkreis landen oder ihn überqueren; er muss also sehr vorsichtig geschnickt werden. Je größer die Nägel sind, desto schwieriger ist es, den Stein an ihnen vorbeizuschnicken. Allzu vorsichtig und langsam darf das jedoch auch nicht vor sich gehen, denn man kann nicht sehr lange auf einem Bein hüpfen und einen Stein schnicken. Wer das Hufeisen fehlerfrei durchhüpft hat, also nicht auf eine Linie getreten ist, sich nicht auf beide Beine gestellt und den Stein nicht über eine Linie geschnickt hat, hat einiges geleistet.

Eihickel

Mehrere längliche Felder deuten die Form eines Eis an, durch das es zu hüpfen gilt. Zuerst wird der Spielstein in eines der Felder geworfen. Der Spieler hüpft in dieses Feld, schnickt den Stein mit dem Fuß in das nächste Feld und hüpft hinterher. Der Stein muss immer innerhalb des nächsten Feldes zu liegen kommen. Ebenso muss der Spieler von einem Feld zum anderen hüpfen, ohne die Linien zu berühren. Der Spielstein wird jeweils auf einem Fuß stehend weitergeschnickt.

Herzhickel

Der Herzhickel wird wie der Eihickel gespielt. Auch hier wird der Stein in ein Feld geworfen und auf einem Fuß stehend weitergeschnickt. Die Felder des Herzhickels sind stärker gebogen als die des Eihickels, was es schwieriger macht, den Spielstein weiterzuschnicken, ohne dass er über die seitliche Feldlinie rutscht. Die Figur muss möglichst zügig durchhüpft werden. Wer am wenigsten Sprünge braucht, um fehlerlos durch das Herz zu hüpfen, hat gewonnen.

Mondhickel

Der Mondhickel besteht aus zwei Feldreihen, die halbmondförmig angeordnet sind. Daneben liegt ein doppelter Ring in der Sichelöffnung. Im inneren Ring stehend, wirft der erste Spieler seinen Spielstein in eines der Endfelder der inneren Reihe der Mondsichel. Dann hüpft er in dieses Feld und schnickt den Stein die innere Sichel entlang, schließlich in ein Endfeld der äußeren Sichel und dann durch die äußere Sichel. Auch hier wird nur auf einem Bein gehüpft und geschnickt. Der Stein darf nur innerhalb der Felder landen, die es zu durchqueren gilt. Sind beide Sichelhälften fehlerfrei durchhüpft, wird der Stein zurück in den äußeren Kreisring geworfen.

In den folgenden Durchgängen wird vom Kreis aus der Spielstein in jeweils ein anderes Feld der Mondsichel geworfen. Dann muss vom Kreis direkt in dieses Feld gesprungen und die ganze Mondsichel erneut durchhüpft werden.

Dicker Mann

Den dicken Mann gibt es in vielen verschiedenen Formen, die das Hüpfspiel mal leichter, mal schwerer machen: mit und ohne Arme, und manchmal hat er sogar einen Hut auf.

Im ersten Spieldurchgang wird die Figur den nummerierten Feldern entsprechend auf beiden Beinen durchhüpft; in nebeneinander liegende Felder wird gegrätscht.

Danach wird der Spielstein in Feld 1 geworfen, dieses Feld wird übersprungen und die ganze Figur durchhüpft. Beim Rückweg wird der Stein aufgehoben. Ist der Spielstein in alle Felder geworfen worden, wird er durch die gesamte Figur geschickt.

Zum Schluss wird der Mann mit verbundenen Augen oder mit nach oben gerichtetem Gesicht durchhüpft. Der Spieler fragt dabei nach jedem Sprung „Bin ich?" Ist er im nächsten Feld gelandet, antworten die Mitspieler „Ja!" Ist er auf eine Linie getretcn, oder hat er ein Feld übersprungen, bekommt er „Nein!" zur Antwort und muss aussetzen, bis die anderen Spieler ihr Glück versucht haben.

Mädchen und Frau

Ebenso wie der dicke Mann werden das Mädchen und die Frau durchhüpft. Die spitz zulaufenden Felder stellen den Rock dar, über dem sich beim Mädchen noch ein schmales Feld befindet, während sich bei der Frau sofort das breite Feld anschließt, das die Arme darstellt. Als besondere Geschicklichkeitsübung kann beim Hüpfen der Spielstein auf dem Handrücken oder auf dem Kopf balanciert werden, statt ihn mit dem Fuß durch die Felder zu schnicken.

Schlangenhickel

An je einem Ende der Schlange liegen Start- und Zielfeld. Vom Startfeld aus wirft der erste Spieler seinen Spielstein so weit wie möglich in Richtung des Zielfeldes. Der Stein muss innerhalb der Figur liegen bleiben. Dann hüpft der Spieler auf einem Bein los und schnickt den Stein bis ins Zielfeld.

Schwieriger wird das Spiel, wenn eine bestimmte Höchstzahl von Sprüngen zum Durchhüpfen der Schlange festgelegt wird. Wer in drei Durchgängen am wenigsten Sprünge braucht, gilt als der Schlangenbezwinger.

Wellenhickel

Wellenhickel können mit unterschiedlich vielen Kurven gezeichnet werden. Je mehr und je engere Kurven es sind, desto schwieriger ist es, die Figur fehlerfrei zu durchhüpfen. Auch beim Wellenhickel wird von einem Ende aus der Stein ins Feld geworfen, dann hüpft der Spieler auf einem Bein hinterher und schnickt den Stein weiter, bis er die ganze Welle durchquert hat. Ohne Pause geht es dann zurück zum Ausgangspunkt. Wer das geschafft hat, darf sich ein Ruhefeld einzeichnen, das so lang wie zwei hintereinander gestellte Füße des Spielers sein darf. Dieses Ruhefeld darf nur er betreten und dort auf beiden Beinen stehend ausruhen; alle anderen müssen ihren Spielstein darüber hinausschnicken und das Feld überspringen.

Jeder Spieler bekommt nur ein solches Feld; alle Felder müssen mindestens zwei Fuß Abstand voneinander haben.

Berg und Tal

Vom Startfeld aus wird der Spielstein in das am nächsten liegende Tal der Spielfigur geworfen. Dann hüpft der Spieler auf einem Bein in das Tal und abwechselnd beidbeinig weiter jeweils in ein Berg-, dann in ein Talfeld. Im letzten Feld wird gewendet und auf gleiche Weise zurückgehüpft. Der Stein wird auf dem Rückweg auf einem Bein stehend aufgenommen; anschließend hüpft der Spieler zurück ins Startfeld. Nun gilt es, vom Startfeld aus ins nächste Feld der Figur, einen Berg, zu treffen, bevor losgehüpft werden darf. Nach dem ersten Durchgang wird die Figur ganz auf nur einem Bein durchhüpft, beim folgenden Durchgang muss sie rückwärts durchhüpft werden.

Einhunderteins

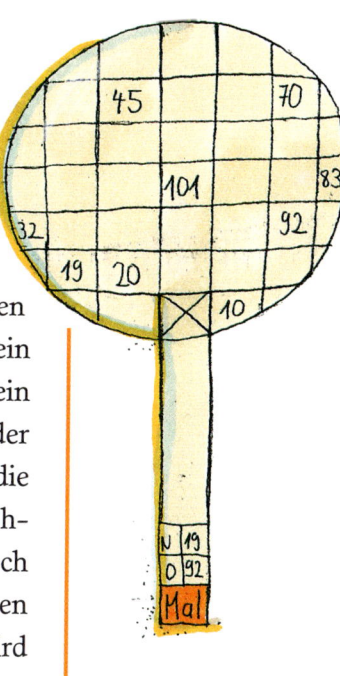

Ein Kreis wird in möglichst viele Kästchen unterteilt, aber nur in einige wenige werden Zahlen, bis maximal 101, eingetragen. Welche Kästchen mit welchen Zahlen beschrieben werden, wird von Durchgang zu Durchgang neu festgelegt.

Der erste Spieler stellt sich auf das Mal und versucht, seinen Spielstein in das mit X bezeichnete Feld zu werfen. Landet der Stein im Feld, darf er auf einem Bein auf das Feld zuhüpfen und den Stein mit einem Stoß auf eines der Zahlenkästchen schnicken. Landet der Stein in einem leeren Feld, gibt es keinen Punkt; ebenso wenn er die Linie eines Zahlenfelds berührt. Nur Steine, die mitten in einem Zahlenfeld liegen, geben Punkte. Der gleiche Spieler hat dann sofort noch eine Chance, den Stein zu werfen und erneut in ein Zahlenkästchen zu treffen. In das rechteckige Feld zwischen Startmal und X-Feld wird eingetragen, wer wie viele Punkte erreicht hat.

Spiegel

In der Form eines riesigen Handspiegels verteilen sich zwölf Hüpf-kästchen auf dem Boden. Auch bei diesem Hüpfspiel wird vom Mal aus in die verschiedenen Kästchen geworfen, zuerst in die 1, worauf alle Kästchen von 1 bis 12 durchhüpft werden, dann in die 2 usw. Der Spielstein wird aus der Figur gestoßen, wenn man in das Kästchen springt, in dem er liegt.

Nach dem ersten, beidbeinigen Durchgang wird auf einem Bein gehüpft, dann auf dem anderen, schließlich mit überkreuzten Beinen. Doch jedes Mal muss vom Wurfmal aus der Stein erst in das richtige Kästchen geworfen werden, ohne dass er auf einer Linie liegen bleibt. Beim Einspringen in das Kästchen mit dem Stein muss dieser aus der Figur hinausgeschnickt werden.

Kettenhickel

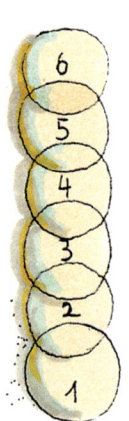

Wie die Glieder einer Kette sind die Felder dieser Figur mitein-ander verbunden. Je nach Alter der Spieler können die Felder größer oder kleiner, kann die Kette länger oder kürzer sein.

Zuerst wird der Spielstein in Feld 1 geworfen, dann wird in Feld 1 gehüpft, seitwärts in 2 und 3 gegrätscht, weiter in 4 und 5 gegrätscht usw., bis wieder ins letzte Feld gehüpft werden darf. Nun geht's den ganzen Weg zurück. Auf dem Rückweg wird der Spielstein aufge-nommen. Dann wird er in Feld 2 geworfen und die Figur erneut durchhüpft. Dabei dürfen die Schnittfelder, in denen keine Zahl steht, weder betreten werden, noch darf der Spielstein in einem solchen Feld landen. Wer beim Werfen oder Hüpfen eine Linie berührt, muss so lange aussetzen, bis alle anderen dran waren.

Schaumblasenhüpfen

Bei dieser Hüpffigur sind die Felder verschiedener Größe und unregelmäßig angeordnet. Das Feld 1 in der Mitte ist das größte und zugleich das Startfeld. Von außerhalb wird der Spielstein in Feld 1 geworfen, dann hüpft der Spieler hinterher. Immer nur auf einem Bein hüpfend und stehend versucht er, den Stein von Feld 1 in Feld 2 zu schnicken, von dort aus in Feld 3 usw., bis die ganze Figur an einem Stück durchschnickt und durchhüpft wurde. Macht der Spieler beim ersten Durchgang einen Fehler, darf er erst nachdem die anderen dran waren, dort weitermachen, wo er unterbrechen musste. Beim nächsten Durchgang muss jeder Spieler wieder bei Feld 1 beginnen, wenn ihm ein Fehler unterläuft.

Das große Z

Am Anfang und am Ende des großen Z befindet sich je ein Feld, das mit A und B bezeichnet werden kann. Jeder Spieler stellt sich zuerst in Feld A und wirft seinen Spielstein irgendwo in die Figur. Dann hüpft er auf einem Bein durch das Z, nimmt den Stein auf und hüpft weiter bis B. Der Rückweg von B erfolgt auf die gleiche Weise. Wer das Z ohne Unterbrechung fehlerfrei hin- und zurückgehüpft ist, darf sich an einer beliebigen Stelle ein Ruhekästchen einzeichnen, das gerade so groß ist, dass er mit beiden Füßen darin stehen kann.

Im zweiten Durchgang wird der Stein wieder in die Figur geworfen, er darf aber nicht im Ruhekästchen eines anderen Spielers landen. Nun wird wieder durch die Figur gehüpft, doch diesmal wird der Stein nicht aufgenommen, sondern bis zum Feld B weitergeschnickt, in dem er liegen bleiben muss. Dann geht's ebenso zurück. Die Ruhekästchen dürfen nur von deren Besitzern betreten werden.

Die Windmühle

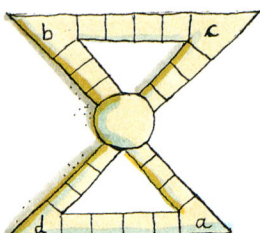

Die Form des Spielfeldes erinnert an eine Windmühle. Begonnen wird auf Feld A. Der erste Spieler hüpft durch die Kästchen auf direktem Weg zu Feld B; der Kreis in der Mitte wird übersprungen. Von B wird zu C, von C zu D und von D wieder zu A gehüpft. Hat er das fehlerfrei geschafft, darf er ein Kästchen in Besitz nehmen, das nur von ihm betreten werden darf. Nun wirft der Spieler seinen Spielstein von A aus in den Kreis und hüpft auf einem Bein nach B. Jetzt darf er den Kreis in der Mitte betreten, um seinen Stein aufzunehmen. In B angelangt, hüpft er weiter nach C, wirft den Stein wieder in den Kreis, springt weiter – immer auf dem gleich Bein – nach D und nimmt unterwegs den Stein wieder auf. Beim Durchhüpfen der Figur muss er darauf achten, dass er nicht in fremde Kästchen tritt. In seinem eigenen darf er sich kurz auf beiden Beinen stehend ausruhen.

Haushickel

Rund um die einfache Zeichnung eines Hauses befinden sich die Kästchen, durch die gehüpft werden muss. Nacheinander müssen drei Durchgänge absolviert werden: Der erste Durchgang auf einem Bein hüpfend, der zweite mit überkreuzten Beinen, der dritte Durchgang schließlich mit dem Spielstein, der von Kästchen zu Kästchen geschnickt wird. Wer die drei Durchgänge hintereinander fehlerfrei durchhüpft hat, darf das Haus vervollständigen. Der Erste darf die Haustür einzeichnen, die weiteren Mitspieler die Fenster, die Dachziegel, die Laterne, den Klingelknopf usw. Der Letzte schließlich malt den Kamin an das Haus.

Winkelhüpfen

Diese mehrfach abgewinkelte Figur wird auf folgende Weise durchhüpft: Der Spieler steht in Feld 1 und wirft seinen Spielstein in Feld 3. Dann hüpft er auf einem Bein durch die Zeichnung zu Feld 3, wobei er nicht in Feld 2 treten darf, holt seinen Stein und springt zurück zu Feld 1. Dann wirft er den Stein in Feld 4, hüpft einbeinig hinterher, wobei er die Felder 2 und 3 überspringt, nimmt den Spielstein auf und wirft ihn in Feld 2. Er folgt ihm wieder auf einem Bein und wirft ihn von Feld 2 aus in Feld 5. Dort wird er abermals aufgehoben und in Feld 1 zurückgeworfen. Auf dem Rückweg zu Feld 1 überspringt der Spieler die Felder 3 und 2. Hat er keinen Fehler gemacht, darf er sich ein Kästchen innerhalb der Spielfigur einzeichnen, in dem er im folgenden Spieldurchgang ausruhen darf. In der nächsten Runde wird der Stein nämlich auf einem Bein durch die ganze Figur geschnickt. Er muss dabei in den nummerierten Feldern liegen bleiben, die es in der richtigen Reihenfolge zu durchqueren gilt. Auf dem Weg von Feld 4 zu Feld 5 muss der Stein wieder in Feld 3 zu liegen kommen. Von Feld 5 wird

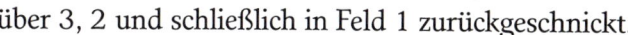

über 3, 2 und schließlich in Feld 1 zurückgeschnickt.

In der nächsten Spielrunde wird der Spielstein von Feld 1 aus in Feld 2 geworfen. Der Spieler hüpft auf einem Bein zu Feld 2 und wirft den Stein in Feld 3, von dort wirft er ihn in Feld 4 und schließlich in Feld 5. Die Figur muss dabei immer auf einem Fuß durchhüpft werden; auf dem Weg von Feld 4 zu Feld 5 darf Feld 3 nicht betreten werden, sondern muss über Eck übersprungen werden. Nur beim Werfen darf sich der Spieler mit beiden Beinen in das Kästchen stellen. In der folgenden Spielrunde ist auch das nicht mehr erlaubt, und der Spielstein muss auf einem Bein stehend von Kästchen zu Kästchen geworfen werden.

Figuren hüpfen

Die Zeichnung für dieses Figurenhüpfspiel ist durch die unterschiedlich geformten Symbole umfangreicher und schwieriger aufzumalen.

Am schönsten sieht das Spielfeld aus, wenn man farbige Kreide nimmt und für die wiederkehrenden Formen, zum Beispiel Kreise, Dreiecke, Quadrate oder Rechtecke, immer dieselbe Farbe benutzt.

Bei A wird begonnen und auf einem Bein durch die verschiedenen Symbole gehüpft. Je weiter auseinander sie liegen, desto schwieriger wird es. Das in der Zeichnung mit einem R versehene Rechteck dient

als Ruhestelle. Hier darf sich jeder Spieler auf beide Beine stellen und kurz ausruhen, bevor es auf der anderen Seite wieder auf einem Bein herunter geht. Erschwerend kann auch ein Spielstein von Symbol zu Symbol geschnickt werden. Dabei gilt es vorab festzulegen, ob der Stein nacheinander in alle Symbole geschnickt werden muss oder ob welche ausgelassen, also überschnickt werden können. Jedenfalls muss der Spielstein immer innerhalb eines Symbols landen.

Wer dies fehlerfrei geschafft hat, stellt sich vor das mittlere Feld und versucht nunmehr, mit verbundenen Augen oder nach oben gewendetem Gesicht beidbeinig durch die Zeichnung zu hüpfen, ohne auf eine der Linien zu treten.

Schließlich können zwei Spieler gleichzeitig durch die Symbole hüpfen bzw. ihre Steine schnicken, einer beginnt bei Punkt A, der andere bei B. Wer zuerst am Ruhekästchen anlangt und keinen Fehler gemacht hat, ist der Gewinner.

Namen hüpfen

In ein großes Rechteck schreiben alle beteiligten Kinder den Anfangsbuchstaben ihres Namens in großen Buchstaben mit einem Punkt dahinter. Jetzt hüpfen die Spieler von einem Punkt zum anderen. Sie dürfen nur in den Buchstaben hineinhüpfen, mit dem ihr Name beginnt. Die anderen Buchstaben dürfen sie nicht berühren. Wer nacheinander in alle Punkte und in seinen Buchstaben gehüpft ist, darf sich ein Ruhekästchen innerhalb des Rechtecks einzeichnen, das nur von ihm betreten werden darf.

Übers Wasser

Der erste Spieler, durch Abzählen bestimmt, steht unten vor dem Wasser und wirft seinen Spielstein in eines der Felder. Bleibt er liegen, ohne eine Line zu berühren, hüpft der Spieler auf einem Bein hinterher und schießt den Stein aus der Figur hinaus, bevor er bis 110 weiterhüpft, dort auf einem Bein wendet und wieder zurückhüpft. Landet der Stein im Wasser oder auf einer Linie, oder tritt der Spieler auf eine Linie oder ins Wasser, ist der nächste dran.

In die Felder 50 und 100 darf mit beiden Beinen gesprungen werden. Wer nach mehreren Durchgängen über 300 Punkte erreicht hat, stellt sich mit dem Rücken zum Wasser auf und wirft den Stein über die Schulter in die Figur. Jeder hat 3 Versuche. Bleibt der Stein mitten in einem Feld liegen, gehört das Feld dem Spieler. Kein anderer darf es mehr betreten oder seinen Stein hineinwerfen.

Hüpfen
mit dem Springseil

Seilhüpfen war zu Unrecht eine Zeit lang als typisches Mädchenspiel bei den Jungen regelrecht verpönt. Spätestens aber seit wissenschaftlich belegt ist, dass es Kondition, Kraft, Beweglichkeit, Schnelligkeit und Koordination fördert, ist es nicht nur als abwechslungsreiches Spiel, sondern auch als gesundheitsstärkendes Training hoch angesehen. Doch neben dem neu entdeckten Trainingseffekt ist das Seilhüpfen seit jeher ein beliebtes Spiel.

Seilhüpfen kann man auf jedem ebenen Untergrund; je besser er federt, desto weniger werden Gelenke und Bänder beansprucht. Wie jede dynamische Sportart sollte auch Seilhüpfen nicht übertrieben oft praktiziert werden. Allerdings ist es so anstrengend, dass Kinder, die es nur zum Spiel betreiben, nicht zum Aufhören gezwungen werden müssen: Geht ihnen die Puste aus, oder lassen sich mangels Kondition die Figuren nicht verwirklichen, brechen sie von allein das Spiel ab.

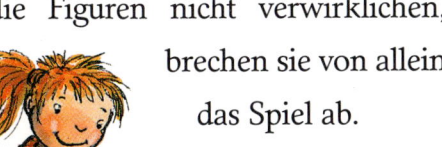

Einfache Sprünge

Dazu braucht man ein Sprungseil, das nicht zu lang sein sollte. Die Länge ist richtig, wenn man mit einem Fuß auf dem Seil steht und die Enden bis maximal unter die Achseln reichen. Mit diesem kürzeren Seil kann man gut schnellere Sprünge machen. Manche Sprungseile haben Griffe aus Holz, aber auch mit einem Stück Wäscheleine lässt sich Seilhüpfen. Beim Hüpfen wird das Seil mit leicht angewinkelten Armen gehalten; es wird nicht großräumig gerudert, sondern locker aus dem Handgelenk heraus geschlagen.

Doppelsprung

Die einfachste Art des Seilhüpfens, nämlich mit beiden Beinen gleichzeitig springen, während das Seil über den Kopf nach vorn geschwungen wird, ist schnell und leicht zu erlernen.

Sobald das Seil unter den Füßen hindurchgeschlagen wurde, wird aufgehüpft, und ein zweites Mal leer gesprungen, also ein Zwischenhüpfer eingelegt, während das Seil wieder von hinten über den Kopf nach vorn schwingt. Bei jedem Sprung wird laut gezählt, und wer eine bestimmte Anzahl Sprünge nacheinander als Erster schafft, hat gewonnen.

Singlesprung

Schwieriger ist es, pro Seilumrundung nur einmal aufzuhüpfen. Das Seil muss dabei schneller geschwungen werden, sodass nur für einen Sprung Zeit bleibt. Auch hierbei zählen die anderen Mitspieler laut mit. Als Fehler gilt ein Doppelsprung oder – wie bei allen Sprüngen – das Hüpfen auf das Seil.

Auf einem Bein

Wie der Name schon sagt, wird bei diesem Spiel nur auf einem Bein gehüpft. Nach jedem Einfachsprung auf einem Bein wird das Bein gewechselt. Nach ein paar Sprüngen wird zweimal hintereinander auf einem Bein gehüpft, dann dreimal hintereinander usw., bis der Spieler einen Fehler macht.

Standschritt

Gehüpft wird beim Standschritt mit beiden Beinen, aber sobald das Seil unter den Füßen durchgeschlagen wurde, wird ein Bein leicht angehoben; nach dem nächsten beidbeinigen Hüpfer wird das andere Bein leicht angehoben. Mit ein bisschen Übung lassen sich auch kurze Verse während des Springens aufsagen, etwa:

Ich bin Peter,
du bist Paul,
ich bin fleißig,
du bist faul!

Rückwärtsgang

Eine Kombination aus mehreren Grundsprüngen lässt sich gut abschließen mit dem Rückwärtsgang. Nach einer bestimmten Anzahl einfacher Sprünge und Sprünge auf einem Bein wird der Rückwärtsgang eingelegt, das heißt, das Seil wird nicht von hinten nach vorn, sondern von vorn nach hinten geschlagen. Dazu braucht man schon ein bisschen Übung, um im richtigen Augenblick hochzuhüpfen.

1 + 1

Ist nur ein Seil vorhanden, und will man zu zweit springen, lässt sich das ganz einfach bewerkstelligen, indem das Seil an einer Seite fixiert wird. Ein Spieler schlägt es, der andere hüpft. Beim Hüpfen wird im Takt der Sprünge von beiden aufgesagt:

Eins, zwei, drei, vier, fünf und sechs,
im Hofe ging 'ne alte Hex,
sie brummte immer hin und her,
sie brummte wie ein alter Bär.

Laufschritt

Statt nur auf der Stelle zu springen, kann mit dem Seil auch richtig gelaufen werden. Dabei wird mit einem Bein gehüpft und nach dem Sprung mit dem anderen Bein ein Schritt nach vorn getan. Je nach Geschick und Geschwindigkeit kommt man so langsamer oder schneller voran. Folgender Spruch kann dabei aufgesagt werden:

Auf dem Schulweg heute früh
traf ich Isabella,
mächtig eilig hatte sie's,
doch ich war viel schneller.

Bei der ersten Aufgabe im Laufschritt kommt es darauf an, wer am schnellsten vorwärts kommt, ohne einen Fehler zu machen. Dazu muss eine bestimmte Strecke so schnell wie möglich zurückgelegt werden. Die zweite Aufgabe besteht darin, so lange wie möglich fehlerfrei zu hüpfen; der dabei zurückgelegte Weg ist egal, Hauptsache, der Spieler bewegt sich von der Stelle.

Fußtricks
mit dem Springseil

Wenn bei den einfachen Sprüngen das Beherrschen des Seils und ein möglichst langes Hüpfen ohne Fehler Ziel des Spiels ist, so liegt bei den Tricksprüngen die Herausforderung darin, ungewöhnliche Figuren zu zeigen. Auch hier können neben dem bloßen Zählen der Sprünge Abzählreime, Sprüche oder Ulkgeschichten im Takt aufgesagt werden, was das Spiel zusätzlich erschwert. Als Fehler gilt dann auch, eine Zeile des Spruchs auszulassen oder die Reihenfolge nicht einzuhalten.

Vor allem bei schwierigeren Sprüngen ist es besonders wichtig, nicht mit kalten Muskeln und Sehnen zu hüpfen. Zu Beginn des Spiels sollten daher stets einfachere Sprünge zum Aufwärmen stehen.

Grätschsprung

Beim Grätschsprung geht es darum, abwechselnd mit geschlossenen und dann wieder mit leicht gegrätschten Beinen über das Seil zu hüpfen. Dabei dürfen die Beine aber nicht zu stark gegrätscht werden. Nach ein paar Sprüngen klappt das bei den meisten sicher gut, deshalb zur Erschwerung eine kleine Aufgabe. Während des Hüpfens müssen nach folgendem Muster – möglichst durch das ganze Alphabet – Beispiele gefunden werden:

Ich heiße Anna,
mein Mann heißt Alfred,
unser Kind Andrea.
Wir wohnen in Augsburg.
Ich heiße Berta,
mein Mann heißt Benno,
unser Kind Brigitte.
Wir wohnen in Bremen.
Ich heiße Claudia,
mein Mann heißt Carsten,
unser Kind Cynthia.
Wir wohnen in Celle usw.

Die Mitspieler passen auf, dass jeweils abwechselnd geschlossen und gegrätscht gehüpft und kein Buchstabe ausgelassen wird.

Als Variante zum Aufsagen wird dem Hüpfenden von den Mitspielern der Buchstabe zugerufen, nach dem er die nächsten Textzeilen formulieren muss. Dabei darf er sich bei einfachen Buchstaben durchaus mehr Namen und Orte („Wir sind umgezogen nach ...“) einfallen lassen, bei schwierigeren kann er nach zwei Beispielen den nächsten Buchstaben fordern.

Twist

Der Twist wird mit geschlossenen Beinen gesprungen. Nach dem Aufhüpfen geht der Spieler leicht in die Knie und dreht die Hüfte mal in die eine, dann in die andere Richtung. Nach zehn oder zwanzig Sprüngen mit geschlossenen Beinen werden einige Sprünge auf einem, danach zehn auf dem anderen Bein gehüpft. Beim In-die-Knie-Gehen und Hüftdrehen darf der Spieler wieder auf beiden Beinen stehen. Schließlich wird der Twist rückwärts gehüpft, das heißt, das Seil wird von vorn nach hinten geschlagen.

X und O

Gehüpft wird erst mit geschlossenen Beinen. Dann werden in leichter Hockstellung die Knie abwechselnd nach außen und die Fersen zu einander gestellt, oder die Knie werden aneinander gedrückt, und die Zehen der einwärts gekehrten Füße schauen zueinander. Zu diesem x- und o-beinigen Hüpfen kann man abwechselnd die Zunge herausstrecken und die Backen dick aufpusten, oder man sagt einen Vers dazu:

Coca Cola trink ich gern
und auch Limonade,
Kartoffelchips hab ich sehr gern
und auch Schokolade.

Kreuzsprung

Bei dieser Sprungfigur ist ein Bein hinter dem anderen verschränkt, die Füße stehen versetzt nebeneinander. Auch hier macht das Hüpfen mehr Spaß, wenn nebenbei ein Vers aufgesagt wird, vielleicht dieser:

Ein Hund lief in die Küche
und stahl dem Koch ein Ei.
Da nahm der Koch den Löffel
und schlug den Hund entzwei.
Da kamen alle Hunde
und gruben ihm ein Grab,
und setzten einen Grabstein,
worauf geschrieben stand:
Ein Hund lief in die Küche
und stahl dem Koch ein Ei usw.

Nach „worauf geschrieben stand" wird das Bein, das nach hinten verschränkt war, nach vorn genommen.

Heel-Tip

Ein Hüpfspiel für etwas versiertere und ausdauerndere Spieler ist der Heel-Tip. Gehüpft wird auf einem Bein, der andere Fuß wird nur leicht angehoben. Bei jedem zweiten Sprung wird die Ferse des Sprungfußes gegen die Ferse des angehobenen Fußes getippt.

Can-Can

Der Can-Can ist eine Abfolge von verschiedenen Bewegungen. Zuerst wird mit geschlossenen Beinen im Single- oder Doppelsprung gehüpft. Nach ein paar Sprüngen zum Warmwerden wird abwechselnd das eine, beim nächsten Sprung das andere Knie angehoben, während das Seil von hinten nach vorn schwingt.

Dann wird das Beinstrecken geübt. Dabei wird auf einem Bein über das Seil gehüpft, während das andere so hoch wie möglich mit durchgedrücktem Knie nach vorn gestreckt wird.

Schließlich werden diese drei Figuren zum Can-Can kombiniert: Beidbeinig hüpfen, Knie des einen Beins anheben, Bein ausstrecken, beidbeinig hüpfen, anderes Knie anheben, Bein ausstrecken, beidbeinig hüpfen usw. Besonders effektvoll sieht dieses Hüpfspiel aus, wenn mehrere Spieler gleichzeitig im Takt den Can-Can hüpfen. Im Chor wird dabei gesprochen:

Lampenputzer ist mein Vater
am Berliner Hoftheater.
Meine Mutter wäscht Manschetten
für die Berliner Hofkadetten.
Meine Schwester, die Gertrude,
die hat eine Frittenbude.
Und mein Bruder, dieser Lümmel,
der raucht Zigarettenstümmel.

Armtricks
mit dem Springseil

Nicht nur die Beinarbeit ist beim Seilhüpfen wichtig, auch die Arme sollen, nachdem sie gelernt haben, das Hüpfseil ökonomisch und gleichmäßig zu schlagen, schwierigere Aufgaben bewältigen dürfen. Dass die Spiele nicht auf Anhieb klappen, ist klar, und es ist ein Spaß zu sehen, wie die verschiedenen Hüpffiguren von den unterschiedlichen Spielern gemeistert werden. Manche der Hüpffiguren erscheinen kompliziert, doch auch hier ist es wie bei allen Spielen: Mit ein bisschen Geduld und Übung gelingt es – und je öfter es gelingt, desto mehr Freude entsteht am Spiel.

Doppelschlag

Begonnen wird der Doppelschlag mit ein paar einfachen beidbeinigen Sprüngen. Beim Singlesprung muss pro Sprung das Seil einmal unter den Füßen durchgeschlagen werden. Jetzt wird pro Sprung das Seil zweimal schnell hintereinander unter den Füßen durchgeschlagen.

Das Doppelschlagspiel beginnt mit einem Singlesprung und einem Doppelschlagsprung abwechselnd. Nach je drei dieser Sprünge wird die geforderte Anzahl der Doppelschläge erhöht: Nach jedem Singlesprung müssen zwei Doppelschläge gesprungen werden. Nach weiteren drei Singlesprüngen und sechs Doppelschlägen werden drei Doppelschläge pro Singlesprung verlangt usw. Wer nach diesem Schema am weitesten kommt, also die meisten Doppelschläge hintereinander hüpft, hat gewonnen.

Sofiasprung

Der Sofiasprung ist ein Armtrick, bei dem auch die Beine gefordert sind. Das Hüpfseil wird so geschwungen, dass es nicht auf dem Boden aufschlägt. Eine Hand hält das Hüpfseil über dem Kopf, die andere führt es etwa in Hüfthöhe. Das Seil wird um den Körper gedreht, während die Beine abwechselnd erst angewinkelt, dann hochgehoben durch das Seil geschwungen werden. Das hört sich schwieriger an als es ist und sieht lustig aus. Dazu wird folgender Ulkreim gesprochen:

Rote Kirschen ess ich gern,
schwarze noch viel lieber,
junge Mädchen (Herren)
küss ich gern,
alte schlag ich nieder.

Der Sofiasprung erhielt seinen Namen übrigens von der Hauptstadt Bulgariens, wo dieses Hüpfspiel sehr beliebt war.

Seilstopp mit Drehung

Ein Kombinationsspiel aus mehreren Hüpffiguren ist der Seilstopp mit Drehung.

Begonnen wird mit ein paar beidbeinigen Sprüngen zum Aufwärmen. Dann folgen auf je zwei Sprünge vorwärts zwei Sprünge rückwärts; das heißt, das Seil wird nach den Vorwärtssprüngen in der Luft gestoppt und von vorn nach hinten geschlagen.

Nach drei dieser Doppelkombinationen kommt noch eine Drehung dazu: Beim Seilstopp mit beiden Beinen müssen die Hüpfer kurz hochspringen und eine Kehrtwendung machen. Wer diese nicht ganz einfache Kombination beherrscht, muss während des Hüpfens noch folgende Verse aufsagen, um Meisterseilstopphüpfer zu werden:

Ich saß auf einer Heide
und spann so schöne Seide,
die Seide war so schön und rar,
ich musste spinnen sieben Jahr,
sieben Jahr sind um,
Junge dreh dich um,
Junge hat sich umgekehrt,
hat sich dann im Kreis gedreht.

Kreuzschlag

Zum Aufwärmen werden wieder ein paar einfache Grundsprünge gehüpft, teils auf beiden Beinen, teils auf nur einem Bein. Dann wird im Kreuzschlag gesprungen, das heißt, die Arme werden überkreuzt, während das Seil über dem Kopf schwingt. Wichtig beim Kreuzschlag ist, dass die Hände mit den Seilenden weit genug seitlich hinausgestreckt werden. Nach jedem Sprung im Kreuzschlag folgt ein normaler Sprung, bei dem die Arme nicht überkreuzt sind. Im Kreuzschlag kann man auch auf einem Bein und sogar rückwärts hüpfen.

Eine Spielkombination könnte also wie folgt aussehen: Einfacher beidbeiniger Sprung, beidbeiniger Kreuzschlagsprung, einfacher beidbeiniger Sprung – Wechsel: einfacher einbeiniger Sprung, einbeiniger Kreuzschlagsprung, einfacher einbeiniger Sprung – Wechsel: einbeinige Sprungkombination auf dem anderen Bein. Nach einem Durchgang mit je einem Sprung werden die Anforderungen größer: Zweifacher beidbeiniger Sprung, zweifacher Kreuzschlagsprung, zweifacher einbeiniger Sprung, zweifacher Kreuzschlagsprung usw. Meisterkönner hüpfen eine Kombination, bei der ein Doppelschlag vorkommt, der im Kreuzschlag gesprungen wird. Welche Kombination in welcher Reihenfolge gehüpft wird, wird zu Beginn festgelegt. Bei kleineren Fehlern darf der Spieler weiterhüpfen, bei größeren muss er aussetzen. Ist er wieder an der Reihe, muss er die ganze Hüpfkombination von vorn beginnen.

Sprünge zu zweit

Die meisten Seilhüpfspiele kann man auch allein spielen – doch in der Gruppe macht es natürlich viel mehr Spaß. Noch schöner als allein oder in der Gruppe mit Einzelseilen zu hüpfen, sind aber die Spiele, die man zu zweit mit einem längeren Seil oder zwei kurzen Seilen spielen kann. Dazu gehört jedoch ein bisschen Übung. Doch wer mit dem Einzelseil gut in Form ist, dem gelingen Tandems und schwierigere Figuren ohne weiteres.

Siamesische Zwillinge

Bei diesem Spiel wird nicht hintereinander, sondern zu zweit nebeneinander im Seil gehüpft. Jeder der beiden Spieler hält dabei ein Seilende in der Hand. Begonnen wird mit zehn beidbeinigen Sprüngen mit Zwischenhüpfer, dann folgen zehn ohne Zwischenhüpfer, je fünf auf einem Bein und zehn Doppelschläge. Das gemeinsame laute Zählen hilft bei der Koordination der Sprünge und zeigt den anderen Mitspielern an, wie oft man fehlerfrei gehüpft ist.

Zweier verkehrt

Hier stehen die beiden Spieler so nebeneinander, dass der eine nach vorne, der andere nach hinten schaut.

Wieder beginnt das Spiel mit einfachen beidbeinigen Sprüngen, doch bei dieser Variante werden Vorwärts- und Rückwärtsschläge abgewechselt: Je fünf Sprünge müssen fehlerfrei gehüpft werden, in der nächsten Runde sind es sechs usw.

Drinnen und draußen

Ein Spieler schlägt das Seil, ohne zu hüpfen, der zweite hat das andere Seilende in der Hand und hüpft gleichzeitig im Seil. Nach einigen einfacheren Sprüngen im Seil hüpft der zweite Spieler ebenfalls aus dem Seil, er dreht sich also um die Hand, die das Seil schlägt. Ein paarmal wird so das Seil leer geschlagen, dann springt der andere Spieler hinein. Nach einer festgelegten Anzahl Sprünge wird wieder gewechselt.

Zweierkette

Die Zweierkette wird nebeneinander stehend mit zwei Seilen gehüpft; jeder hält dabei ein Seilende des anderen Spielers. Zuerst wird das Seil, das mit der hinteren Hand innen gehalten wird, geschwungen. Ist es auf halbem Weg, also über dem Kopf des einen Spielers, wird das zweite Seil angeschlagen. Gehüpft werden beidbeinige Sprünge mit Zwischenhüpfer; so sind beide in der Luft, auch wenn gerade nur einer über sein Seil springt. Nach ein paar Sprüngen auf beiden Beinen wird zwischendurch abwechselnd auf je einem Bein gehüpft.

Tandem

Auch beim Tandem springen zwei Spieler in einem Seil. Doch der Name verrät es schon: Sie hüpfen hintereinander, so, wie man auf einem Tandem sitzt. Und wie auf einem Fahrradtandem, kommt man auch beim Hüpftandem ganz schön rum, zumindest, wenn man wie bei diesem Spiel abwechselnd und in alphabetischer Reihenfolge Städte angeben muss, in die man reist:

Ich reise von Amsterdam nach Bremen,
ich reise von Bremen nach Celle,
ich reise von Celle nach Dortmund,
ich reise von Dortmund nach Essen,
ich reise von Essen nach Frankfurt usw.

Hat man ganz Deutschland bereist, bieten sich Orte in verschiedenen europäischen und außereuropäischen Ländern an.

Beim Tandem ist das Timing besonders wichtig. Es gilt, im Gleichklang zu springen – dabei sind die gemeinsam im Takt aufgesagten Verse eine große Hilfe – und sich nicht gegenseitig zu behindern. Dazu muss man sich einerseits gut verstehen, andererseits dürfen die Größenunterschiede und Ausdauerfähigkeiten nicht zu weit auseinander liegen. Meist sind befreundete Hüpfer auch das bessere Tandem.

Vis-a-vis

Damit es im Seil nicht zu eng wird, sollte es lang genug sein, um zwei Spielern ausreichend Platz zum Hüpfen zu bieten. Beim Schwingen wechselt man sich von Runde zu Runde ab.

Beim Vis-à-vis stehen sich beide Spieler gegenüber; gesprungen wird im Grundsprung, also mit beiden Beinen, ohne Zwischenschritt. Man merkt schnell, wenn man zu nahe beieinander steht: Die Knie machen als erste – teils heftige – Bekanntschaft miteinander.

Nach ein paar Sprüngen zum Aufwärmen geht's los: Der Schwinger fängt an, die Eigenschaften seiner Katze oder seines Hundes, seines Hamsters oder Kanarienvogels aufzusagen, der Partner ergänzt eine Eigenschaft, und beide achten genauso wie die anderen Mitspieler darauf, dass ihnen in der alphabetischen Reihenfolge der Aufzählung und beim Hüpfen kein Fehler unterläuft. Entsteht eine längere Pause, weil einem der beiden keine Eigenschaft zu einem Buchstaben einfällt, darf das nächste Hüpfpaar versuchen, wie weit es kommt:

Meine Katze ist attraktiv,
meine Katze ist brav,
meine Katze ist clever,
meine Katze ist dünn,
meine Katze ist elegant,
meine Katze ist faul usw.

Natürlich kann jeder Spieler auch sein eigenes oder ein anderes Haustier wählen und diesem dann die Eigenschaften andichten.

Das große Schwungseil

Das große Schwungseil wird von zwei Spielern geschlagen. Wenn man nur zu zweit ist, kann es zur Not auch an einer Seite fixiert werden, etwa an einem Baum oder Pfosten, sodass ein Spieler schwingt und der andere springt. Im großen Schwungseil können die unterschiedlichsten Figuren gehüpft werden; mit einem oder mehreren Zwischenhopsern, auf allen Vieren, auf einem Bein und mit Drehungen. Wer beim Hüpfen einen Fehler macht, wird zum Seilschwinger, bis er durch einen Mitspieler wieder abgelöst wird.

Schlange

Das große Seil wird in Wellenlinien wie eine Schlange über den Boden geführt. Über diese Schlange muss nun erst beidbeinig, dann abwechselnd auf dem einen und dem anderen Bein gehüpft werden. Je nachdem wie heftig die beiden Mitspieler an den Seilenden das Seil bewegen und wie weit sie ausholen, ist es für den Hüpfer, der an der Reihe ist, einfacher oder schwieriger, über die Schlange zu hüpfen, ohne sie zu berühren oder sich zu verheddern.

Wiege

Bei der Wiege wird das Seil von den beiden Schwingern nach links und rechts nur bis etwa in Hüfthöhe geschwungen. Der Spieler, der in der Mitte steht, hüpft über das hin- und herschwingende Seil.

Im ersten Durchgang wird mit beiden Beinen gehüpft, im zweiten abwechselnd auf je einem Bein. Schließlich muss während des Hüpfens ein Bein so weit angehoben werden, dass der Spieler unter dem Bein in die Hände klatschten kann.

Seildurchlauf

Das Einspringen in das schwingende Seil ist nicht ganz einfach, genauso das Herausspringen. Bei diesem Spiel darf derjenige, der hüpft, nicht im Seil stehen, bevor es geschlagen wird, sondern er muss in das schwingende Seil einspringen. Am besten wird von der Seite eines der Seilschwinger ins Seil gesprungen.

Bei diesem Spiel durchlaufen alle Mitspieler nacheinander das Seil. Zur einen Seite springen sie hinein, hüpfen einmal und verlassen das Seil auf der anderen Seite. Wen das Seil trifft, der muss einen der Seilschläger beim Schwingen ablösen.

Henriette

Auch hier wird von der Seite in das schwingende Seil gehüpft. Während die Seilschläger folgenden Spruch aufsagen, wird beidbeinig im Seil weitergesprungen:

Henriette,
goldne Kette,
goldne Schuh,
wie alt bist du?

Der hüpfende Spieler nennt sein Alter und macht eine entsprechende Anzahl Sprünge, die laut mitgezählt werden. Dann verlässt er das Seil auf der gegenüberliegenden Seite. Im zweiten Durchgang nennt der Spieler im Seil sein Alter nicht, sondern hüpft so oft wie möglich. Wer so am ältesten wird, hat das Spiel gewonnen.

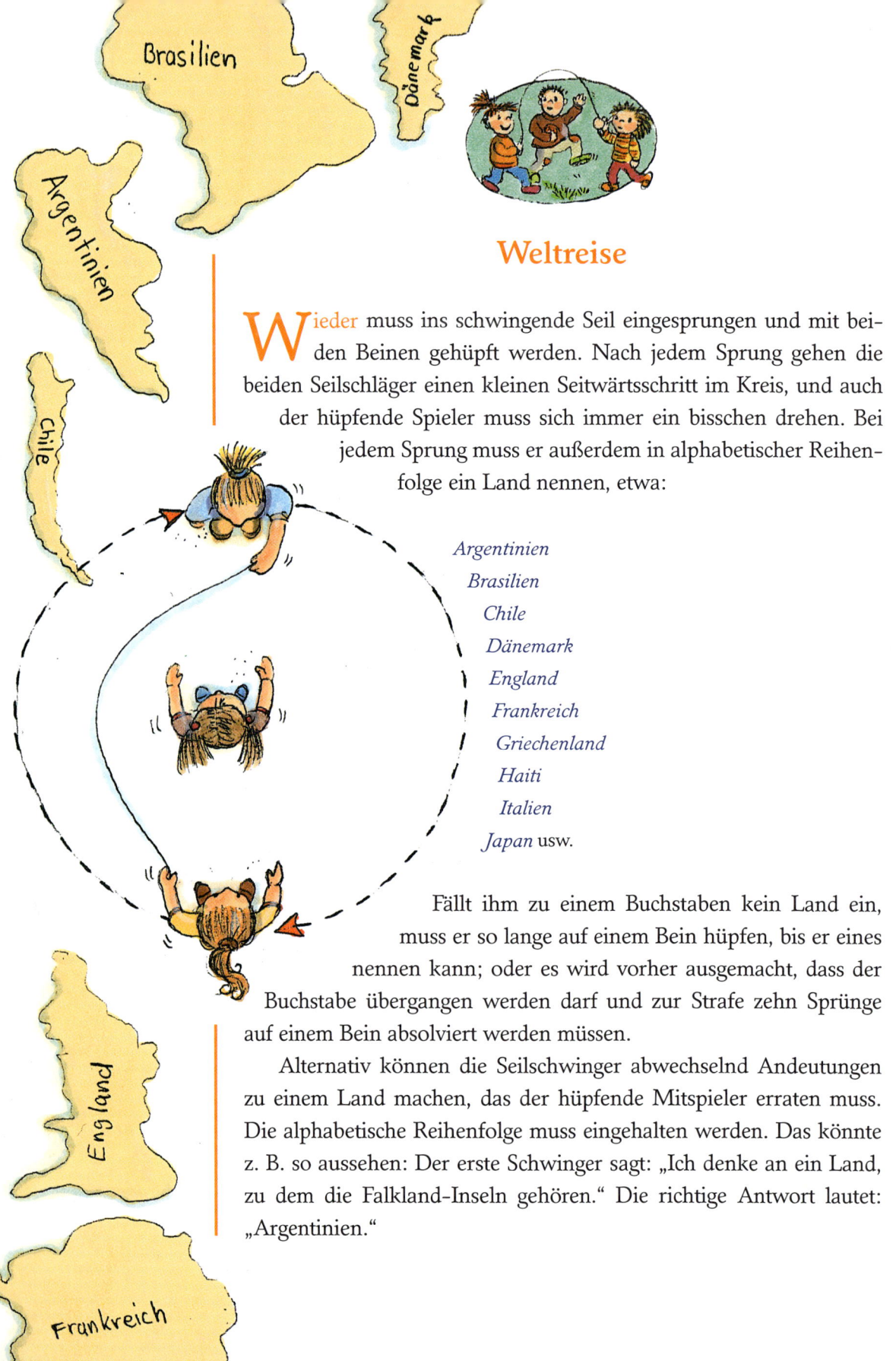

Weltreise

Wieder muss ins schwingende Seil eingesprungen und mit beiden Beinen gehüpft werden. Nach jedem Sprung gehen die beiden Seilschläger einen kleinen Seitwärtsschritt im Kreis, und auch der hüpfende Spieler muss sich immer ein bisschen drehen. Bei jedem Sprung muss er außerdem in alphabetischer Reihenfolge ein Land nennen, etwa:

Argentinien

Brasilien

Chile

Dänemark

England

Frankreich

Griechenland

Haiti

Italien

Japan usw.

Fällt ihm zu einem Buchstaben kein Land ein, muss er so lange auf einem Bein hüpfen, bis er eines nennen kann; oder es wird vorher ausgemacht, dass der Buchstabe übergangen werden darf und zur Strafe zehn Sprünge auf einem Bein absolviert werden müssen.

Alternativ können die Seilschwinger abwechselnd Andeutungen zu einem Land machen, das der hüpfende Mitspieler erraten muss. Die alphabetische Reihenfolge muss eingehalten werden. Das könnte z. B. so aussehen: Der erste Schwinger sagt: „Ich denke an ein Land, zu dem die Falkland-Inseln gehören." Die richtige Antwort lautet: „Argentinien."

Teddybär

Sicherlich das bekannteste Spiel mit dem großen Schwungseil ist Teddybär. Während ein Spieler im Seil hüpft, sagen die restlichen Mitspieler den folgenden Spruch auf:

Teddybär, Teddybär, dreh dich um,
Teddybär, Teddybär, mach dich krumm,
Teddybär, Teddybär, heb den Fuß,
Teddybär, Teddybär, geh die Treppen hoch,
Teddybär, Teddybär, mach dich groß,
Teddybär, Teddybär, hüpf ganz hoch,
Teddybär, Teddybär, wie alt bist du?

Zu jeder Textzeile, die auch mehrmals intoniert werden kann, muss der Spieler im Seil die entsprechende Figur machen: sich im Seil drehen, gebückt hüpfen, auf einem Fuß hüpfen, die Knie abwechselnd anheben, sich strecken, besonders hoch hüpfen. Schließlich wird zum Schluss bei jedem Sprung gezählt. Wer am weitesten kommt, ist Sieger. Verschiedene Spieler können bei diesem Spiel unterschiedliche Namen bekommen, etwa Schmetterling, Wetterfrosch, Kakadu usw.

Donald oder Daisy Duck

Ähnlich wie bei Teddybär geben auch bei diesem Spiel die Mitspieler vor, welche Figuren der Junge (Donald Duck) oder das
Mädchen (Daisy Duck) beim Hüpfen im Seil zeigen müssen:

Donald Duck hüpft auf zwei Beinen,
auf zwei Beinen, auf zwei Beinen,
Donald Duck hüpft auf einem Bein,
auf einem Bein, auf einem Bein,
Donald Duck hüpft mit X-Beinen,
mit X-Beinen, mit X-Beinen,
Donald Duck hüpft mit O-Beinen,
mit O-Beinen, mit O-Beinen,
Donald Duck hüpft auf Zehenspitzen,
auf Zehenspitzen, auf Zehenspitzen,
Donald Duck hüpft auf drei Beinen,
auf drei Beinen, auf drei Beinen,
Donald Duck hüpft auf allen Vieren,
auf allen Vieren, auf allen Vieren.

Double Dutch

Zum Double Dutch braucht man zwei lange Schwungseile. Doch sowohl das Schwingen dieser Seile als auch das Hüpfen in diesen beiden Seilen, die wie riesige Mixerquirle durch die Luft wirbeln, ist mindestens doppelt so schwer wie beim einfachen Schwungseil. Zuerst muss deshalb das Schlagen der Seile geübt werden. Dabei werden die Arme angewinkelt, die Oberarme bleiben locker, während mit den Unterarmen die beiden Seile in kleinen Kreisen geschwungen werden: Die linke Hand schlägt das Seil im Uhrzeigersinn, die rechte gegen den Uhrzeigersinn. Auch das Springen in das Doppelseil und das Hüpfen über die beiden Seile braucht viel Übung und ist sehr anstrengend.

Wie beim einfachen Seil wird am besten von der Seite eines Schwingers eingesprungen. Ebenso wird das Seil mit einem großen Sprung an einem Ende wieder verlassen. Dann hüpft man zunächst beidbeinig über beide Seile. Mit mehr Übung schafft man es schließlich auch im Gehschritt, die Seile abwechselnd unter dem linken und rechten Fuß passieren zu lassen.

Das Hüpfen im Double Dutch lässt wenig Atem für Reime. Das Zählen der Sprünge hilft, im Rhythmus zu bleiben; einfache Aufzählungen, z. B. das Nennen der Monate, sind mit ein bisschen Übung aber durchaus zu schaffen:

Wie viele Monate hat das Jahr?
Zwölf Monate hat das Jahr.
Januar
Februar
März usw.

Gummitwist

Vor allem Mädchen vertreiben sich gern die Zeit mit Gummitwist, doch auch die Jungen haben eingesehen, dass die Spiele mit einem Gummiband abwechslungsreich sind und Spaß machen. Gummitwist wird normalerweise mindestens zu dritt gespielt, wobei zwei Kinder den Gummi halten, während eines hüpft. Dazu wird ein ungefähr vier Meter langes Gummiband zusammengeknotet. Zwei der Kinder stellen sich mit leicht gegrätschten Beinen in das Band, sodass es leicht gespannt ist. Das dritte Kind springt nun die zuvor vereinbarten Figuren in das Gummibandrechteck hinein und wieder heraus.

In der ersten Runde wird der Gummi in Knöchelhöhe gespannt, in der zweiten in Kniehöhe, in der dritten am Oberschenkel und in der höchsten in Hüfthöhe.

Vierzehnersprung

D^{er} Vierzehnersprung ist eine einfache Sprungkombination, bei der das Gummiseil nicht berührt werden darf.

Seitlich neben dem Seil stehend, wird zuerst mit einem Fuß, dann mit beiden Füßen in das Seilviereck gehüpft, dann mit einem Fuß und schließlich mit beiden Füßen auf der anderen Seite wieder herausgesprungen. Danach mit beiden Füßen hineinspringen, links und rechts hinausgrätschen, wieder hinein- und auf der anderen Seite hinaushüpfen. Nun mit einem Fuß hineinspringen, beim nächsten Sprung mit dem zweiten hinein- und mit dem ersten auf der anderen Seite wieder hinausspringen und das Viereck auf der anderen Seite verlassen. Zum Schluss im Wendesprung mit einer 180°-Drehung hinein- und mit dem nächsten Wendesprung in die entgegengesetzte Richtung auf der anderen Seite hinaushüpfen.

Nach dem ersten Durchgang wird das Gummiseil von Knöchelhöhe in die Kniekehlen geschoben. Je nach Größe des hüpfenden Spielers kann es noch höher gespannt werden.

Wird das Gummiseil höher gespannt, so gilt ein Streifen nicht mehr als Fehler. Die relativ einfache Kombination des Vierzehnersprungs eignet sich gut zum Warmwerden. Wenn die Spieler die Sprungfolge beherrschen, kann die Kombination auch in umgekehrter Reihenfolge gehüpft werden. Höhepunkt des Könnens und des Spielspaßes ist, wenn der Spieler beim Hüpfen auf Zuruf die Augen schließt und weiterhüpft – möglichst ohne einen Fehler zu machen.

Zehnersprung

Die Startposition beim Zehnersprung ist wie beim Vierzehnersprung mit geschlossenen Beinen neben dem Gummiviereck. Zuerst wird mit beiden Beinen in das Viereck gehüpft. Beim nächsten Sprung landet der linke Fuß auf dem Gummiseil und der rechte im Viereck, dann der rechte auf dem Gummiseil und der linke im Viereck. Danach wird wieder mit beiden Beinen zwischen das Gummiseil gesprungen, beidbeinig nach außen gegrätscht und wieder nach innen gehüpft. Beim folgenden Sprung landen beide Füße links und rechts auf dem Gummiseil, dann wird wieder ins Viereck gehüpft, es folgt ein Sprung mit Kehrtwendung und schließlich das beidbeinige Hüpfen aus dem Viereck. Diese Sprungkombination wird dreimal hintereinander wiederholt. Wer einen Fehler macht, muss einen Gummihalter ablösen und warten, bis er wieder an die Reihe kommt. Bei jedem Durchgang wird folgender Vers aufgesagt:

Eins, zwei, drei, vier, fünf,
Schuhe, Socken, Strümpf
trage ich sehr gern,
wie die jungen Herrn,
wie die hübschen Fraun,
prächtig anzuschaun.

Diese Sprungfolgen werden in verschiedenen Höhen gehüpft. Erst wird das Seil in Knöchelhöhe gespannt, dann in Wadenhöhe, in den Kniekehlen, am Oberschenkel und schließlich so weit oben, wie der Springer es sich zutraut.

Klipp-klapp

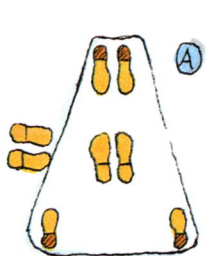

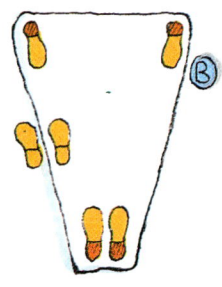

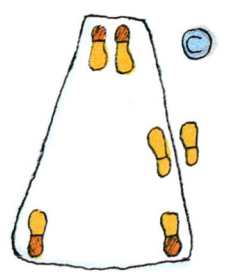

Bei diesem Spiel werden auch die Mitspieler aktiv, die sonst nur Gummihalter und Fehlerüberwacher sind, während der Dritte, der Twister, hüpfen darf. Die beiden Helfer hüpfen im Takt des Verses und grätschen bzw. schließen die Beine, sodass der Hüpfgummi auf jeder Seite abwechselnd mal schmaler, mal breiter wird.

Ausgangsstellung für den Twister ist mit dem Gesicht zum Gummiseil. Zuerst wird mit einer 90°-Drehung beidbeinig ins Seilrechteck gehüpft. Beim nächsten Sprung landet der linke Fuß außerhalb, der rechte innerhalb, dann der rechte Fuß auf der anderen Seite außerhalb und der linke innerhalb. Dann wird mit einer 90°-Drehung aus dem Seilrechteck gehüpft, das Gesicht dem Gummiseil zugewandt. Jetzt wird mit beiden Füßen auf das Gummiseil, ins Seilrechteck, auf die andere Seite des Seils und dort wieder hinausgehüpft. Mit einer Kehrtwendung ist der Twister wieder dem Seil zugewandt. Mit einem einzigen Sprung versucht er zum Abschluss, auf die andere Seite des Seilrechtecks zu hüpfen. Folgende Zeilen werden von allen Mitspielern während des Hüpfens so lange gesprochen, bis dem Hüpfenden ein Fehler unterläuft. Er löst dann einen der Helfer ab:

Hüpfe, hüpfe, Peter,
hinterm Ofen steht er,
flickt die Strümpf und flickt die Schuh,
kommt die alte Katz dazu,
frisst die Schmier und frisst die Schuh,
frisst den Peter noch dazu,
Frisst die Schuh und frisst die Schmier,
und frisst schließlich alle hier.

Diamant

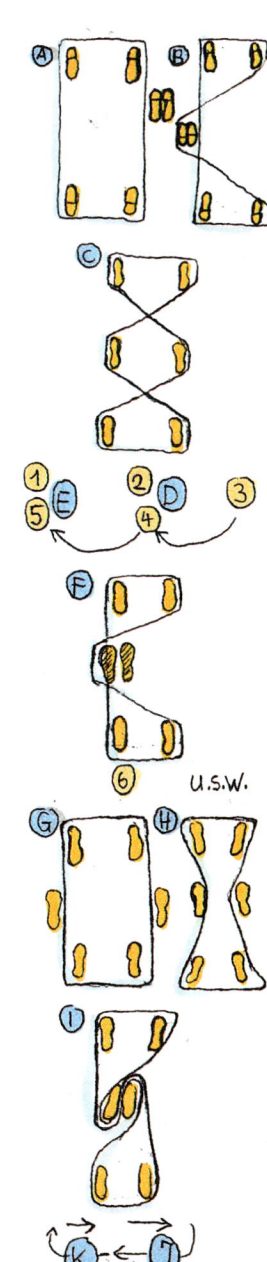

Ausgangsstellung für den Twister ist ganz nah seitlich am Hüpf-gummi. Beim Sprung nimmt er die Seite der Gummischnur, neben der er steht, mit dem Bein mit und hüpft beidbeinig über die andere Seite der Gummischnur. Dann hüpft er im Grätschsprung in die Mitte, sodass er in einer Reihe mit den beiden Gummihaltern zwischen ihnen steht. Der Hüpfgummi ist nun an zwei Stellen über-kreuzt und bildet einen Diamanten. Mit einer 180°-Wende dreht sich der Twister und löst den Diamanten wieder auf, indem er mit beiden Beinen zurück über die eine Gummischnurseite hüpft und schließlich um 180° gedreht wieder in der Ausgangsstellung steht. Beim nächsten Sprung wird wieder das Gummiseil mitgenommen, doch diesmal darf der Twister nicht über den anderen Gummi hinaushüpfen, sondern muss mit einem Fuß auf die andere Gummiseite springen. Mit einem Sprung geht es danach in die Ausgangsstellung zurück. Nun wird mit beiden Beinen auf die andere Seite des Rechtecks gehüpft, und von dort wird die Figur spiegelverkehrt wiederhohlt.

Danach schließen sich folgende Hüpffiguren an: Beidbeinig ins Gummirechteck hüpfen, mit beiden Beinen hinaushüpfen und dann die Beine schließen. Mit einem 180°-Sprung wird der zwischen den Beinen eingeklemmte Hüpfgummi verdreht. Durch Zurückdrehen und einen erneuten Grätschsprung löst sich die Figur wieder auf. Schließlich wird in schneller Folge beidbeinig ins Gummirechteck gehüpft, mit je einem Bein erst zur einen, dann zur anderen Seite hin-ausgehüpft und zum Schluss das Rechteck verlassen.

Je höher der Hüpfgummi bei diesem Spiel gespannt wird, desto schwieriger ist es, die Figur des Diamanten fehlerfrei zu hüpfen. Ab Kniehöhe darf daher der Twister vor dem ersten Sprung die Gummi-schnur auf seine Schulter auflegen, um die zweite Seite leichter über-springen zu können.

Ein Wort danach

Am Anfang fast jedes Spiels steht die Frage, wer welcher Spielpartei angehört oder wer ein Spiel beginnen darf oder muss. Kinder mit ihrem sehr ausgeprägten Gerechtigkeitsbewusstsein haben dieses Problem schon vor Jahrhunderten auf erdenklich einfache und demokratische Weise zu lösen gewusst: durch Abzählen. Keiner wird dabei benachteiligt, und wer dran ist oder ausscheidet, nimmt das Urteil meist gelassen und kritiklos hin, denn es gilt – nach einem unausgesprochenen Kodex – als gerecht und unanfechtbar. Die Texte der Reime sind oft vorwitzig oder gar frech; sie zeichnen die Welt der Erwachsenen nach und karikieren sie dabei, oder sie sind sogar ein verbaler Angriff auf die (elterliche) Autorität. Die rege kindliche Fantasie findet in den Abzählreimen ein Ventil für Frustration und Aggression, andererseits lässt sie die schönsten Nonsensverse zur puren Belustigung der Kinder entstehen.

Neben dem Verlangen zum kognitiven Verstehen der Welt ist der Bewegungsdrang ein Hauptmerkmal der kindlichen Entwicklung. Wird beim Sprechen und Reimen die Lebenswelt geistig erfasst, so will sie auch physisch erobert werden. Eine besonders beliebte Art der spielerischen Erprobung und Förderung der eigenen Kräfte sind Hüpfspiele. Seit Jahrtausenden ritzen Kinder mit Stöcken Figuren in den Boden, hüpfen über Hindernisse, schwingen ein Seil und springen, so ausdauernd und geschickt sie können. Die bekanntesten Spielformen sind dabei das Kästchenhüpfen in undenkbar vielen Figurenvarianten und das Seilhüpfen.

Die Grundmotivation bei allen Spielen ist stets dieselbe: Spiel, das Spaß macht, den Gemeinschaftssinn fördert und dem kindlichen Bewegungsdrang Befriedigung verschafft. In diesem Sinne versteht sich diese Sammlung von Abzählreimen und Hüpfspielen als Dokumentation und Anregung für lustvolles und selbst gestaltetes Spiel.

Die Autoren

Gisela Dürr, geboren 1968, hat bereits zahlreiche Kinderbücher mit viel Liebe, Witz und Kreativität illustriert. Dass sie sich mit dieser Mischung auf Erfolgskurs befindet, bestätigte sich 1995 und 1997, als ihre Arbeiten für die international anerkannte Kinderbuchausstellung in Bologna/Italien ausgewählt wurden. Gisela Dürr hat Kommunikationsdesign studiert und danach die „Schule für Gestaltung" in Zürich absolviert. Heute lebt und arbeitet sie als freie Illustratorin in München.

Martin Stiefenhofer, geboren 1962, hat bereits einige Bücher zum Thema Erziehung veröffentlicht. Nach Abschluss seines Pädagogik- und Germanistikstudiums in Heidelberg war er dort an der Pädagogischen Hochschule und am Erziehungswissenschaftlichen Institut beschäftigt. Wenn er nicht gerade Bücher schreibt, arbeitet Martin Stiefenhofer als Lektor in einem Münchner Verlag.

Weiterführende Literatur

1, 2, 3, und du bist frei. Die schönsten alten Abzählreime und Kinderverse. Münster 1991

Enzensberger, Hans Magnus (Hg.): Allerleirauh.Viele schöne Kinderreime. 9. Auflage, Frankfurt 1995

Böhme, F. M.: Deutsches Kinderlied und Kinderspiel. Leipzig 1897

Ene, mene, muh ... Fröhlich-bunte Kinderreime. Niedernhausen 1996

Hüpfekästchen. Die lustigsten und bekanntesten Hüpfspiele für Kinder. Münster 1993

Lankford, Mary: Die schönsten Hüpfspiele aus aller Welt. Kempen 1997

Meinerts, Eva: Links ein Ohr und rechts ein Ohr. Gütersloh 1992

Riesz-Hermelius, Marika: Ropeskipping/Seilspringen. Nacka, Schweden, ohne Jahresangabe

Das Spiel „Vierziger-hüpfen" wurde entnommen aus: Langosch-Fabri, Helle: Alte Kinderspiele neu entdecken. Reinbek 1993.

Weltbild Buchverlag
© 1998 · Weltbild Verlag GmbH, Augsburg
Alle Rechte vorbehalten
Redaktion:
Michael Kraft
Grundlayout:
Gisela Dürr, München
Umschlag & DTP/Satz:
Kirsten Straßmann, Recklinghausen
Umschlagbild:
MEV Verlag GmbH, Augsburg
Notengrafik:
Werner Eickhoff, Freiburg
Druck und Bindung:
Neue Stalling GmbH & Co. KG, Oldenburg
Reproduktion:
PHG, München

Gedruckt auf chlorfrei gebleichtem Papier

Printed in Germany
ISBN 3-89604-456-7

Spiele & Sprüche